# DÉTAILS ET DESSINS

## LIVRE DE COLORIAGE ADULTE CONÇOIT EDITION

**Coloring Bandit**



Publié par Speedy Publishing Canada Limited

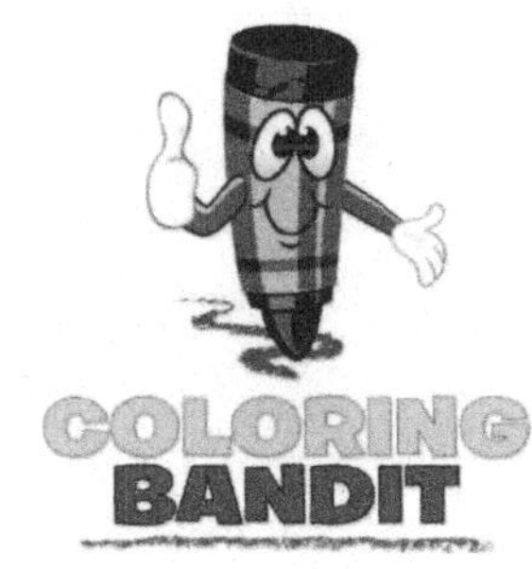

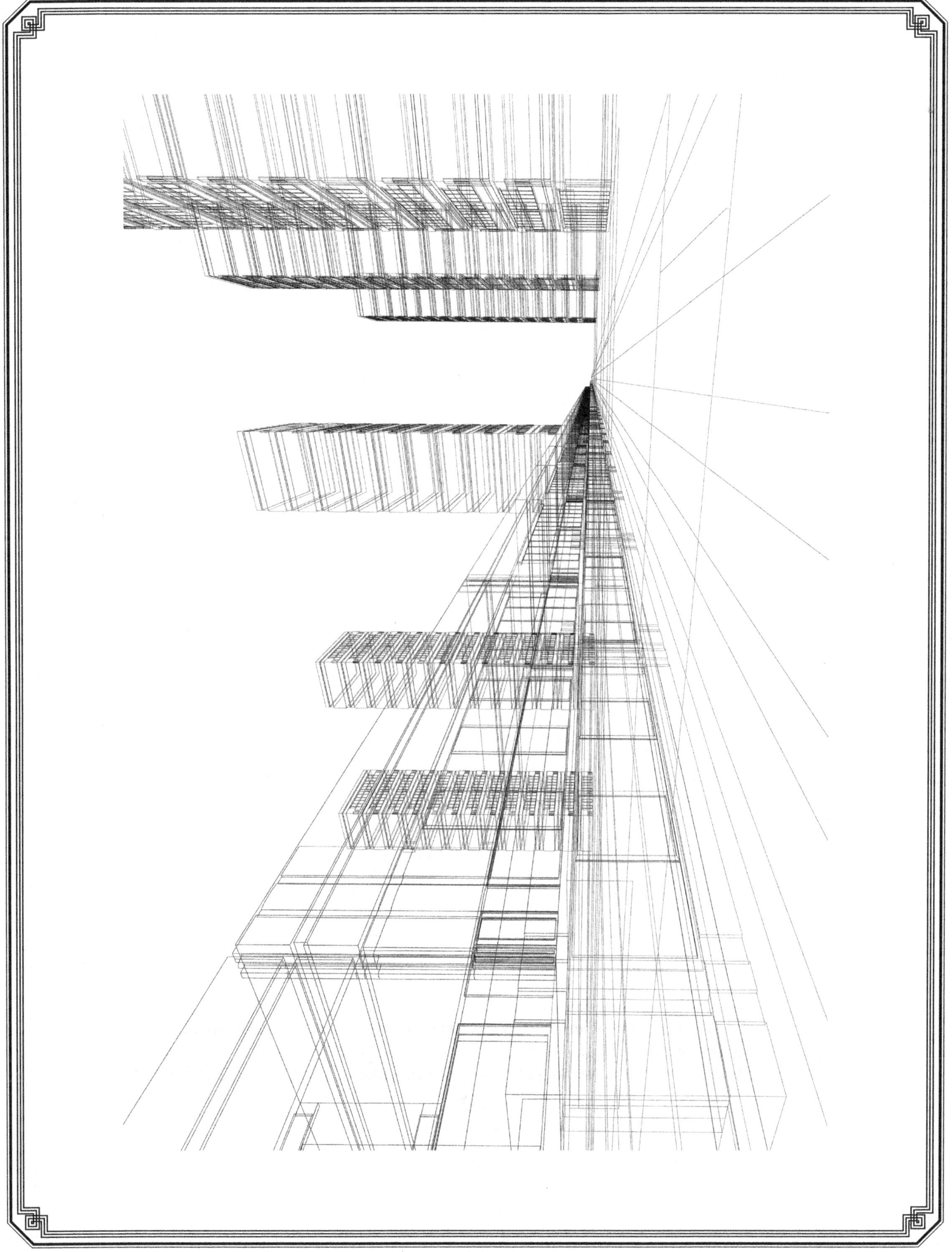

***C'est une purge par Page si vous utilisez un coloriage feutre ou un stylo!***

*Trouver d'autres grands titres par la recherche de Coloriage Bandit sur Favorite livre détaillant*

**Amazon.Ca | Barnes & Noble (BN.Com) | J'ai Des Livres 1 Million (BAM.Com)**

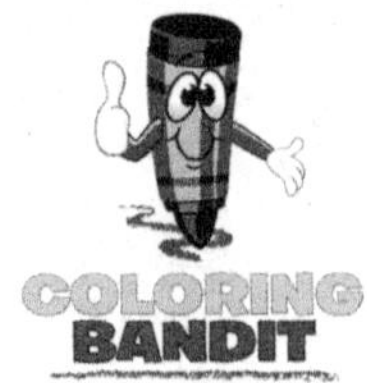

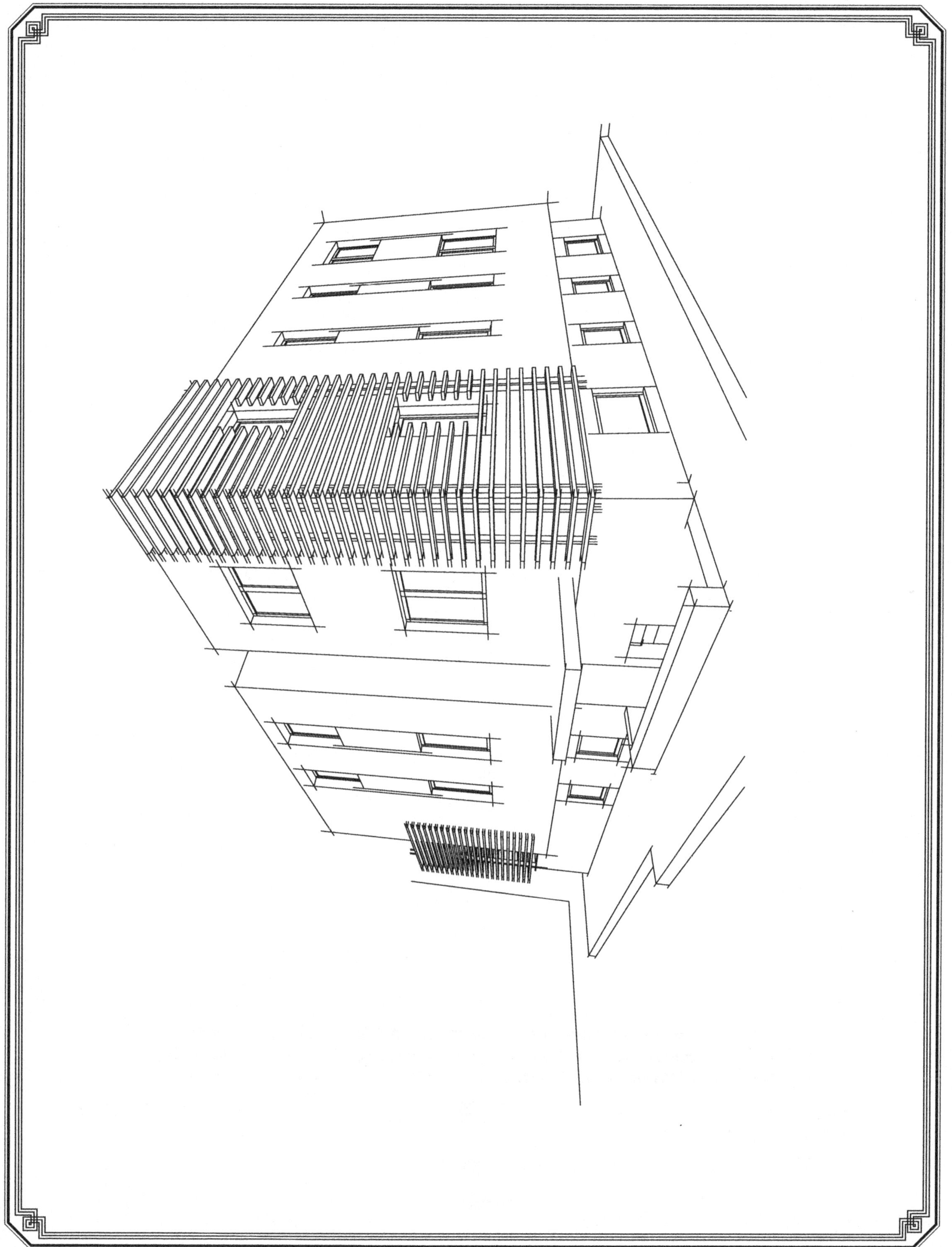

***C'est une purge par Page si vous utilisez un coloriage feutre ou un stylo!***

*Trouver d'autres grands titres par la recherche de Coloriage Bandit sur Favorite livre détaillant*

**Amazon.Ca | Barnes & Noble (BN.Com) | J'ai Des Livres 1 Million (BAM.Com)**

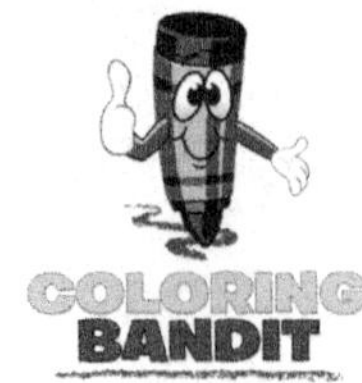

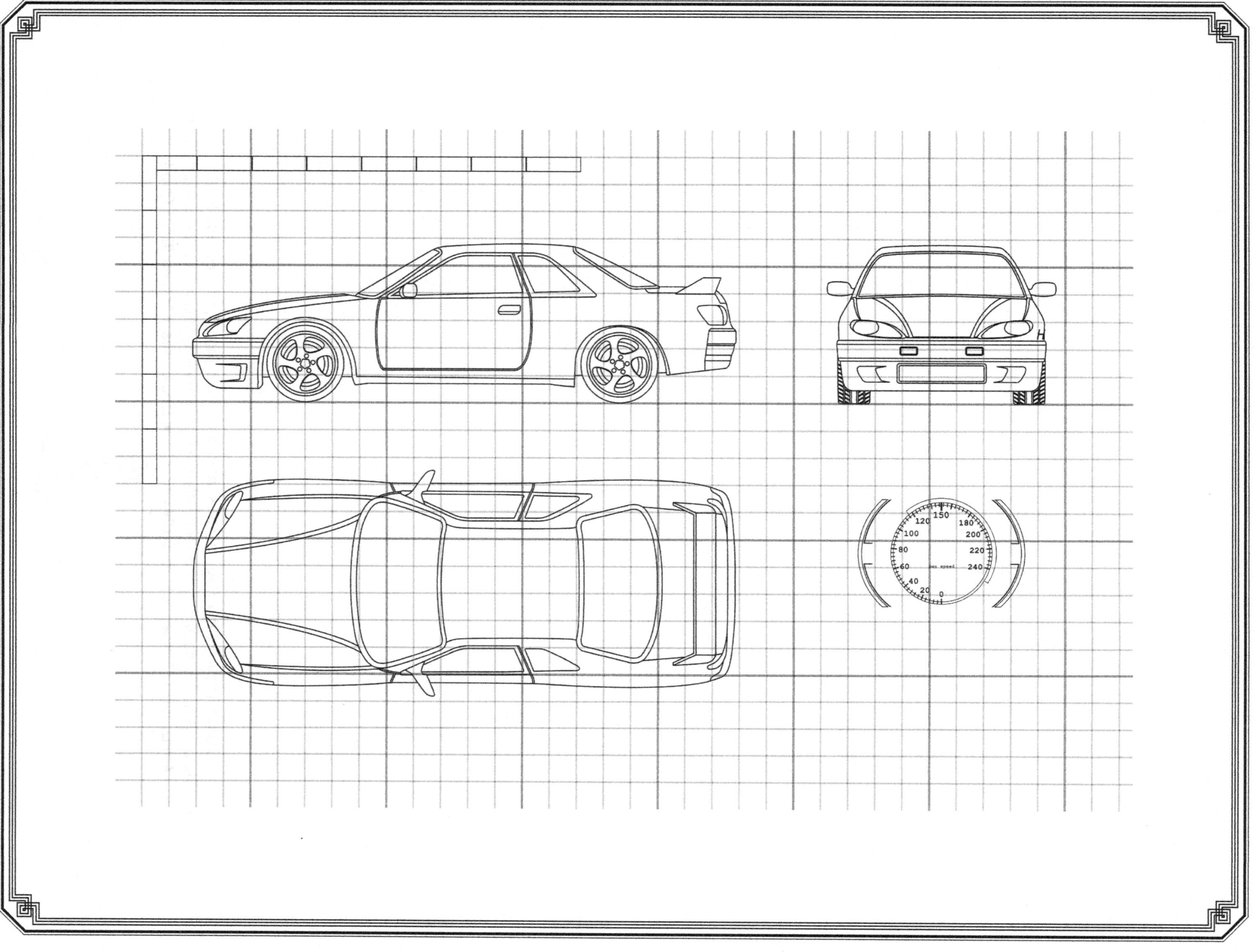
0
20
40
60
80
100
120
150
180
200
220
240

***C'est une purge par Page si vous utilisez un coloriage feutre ou un stylo!***

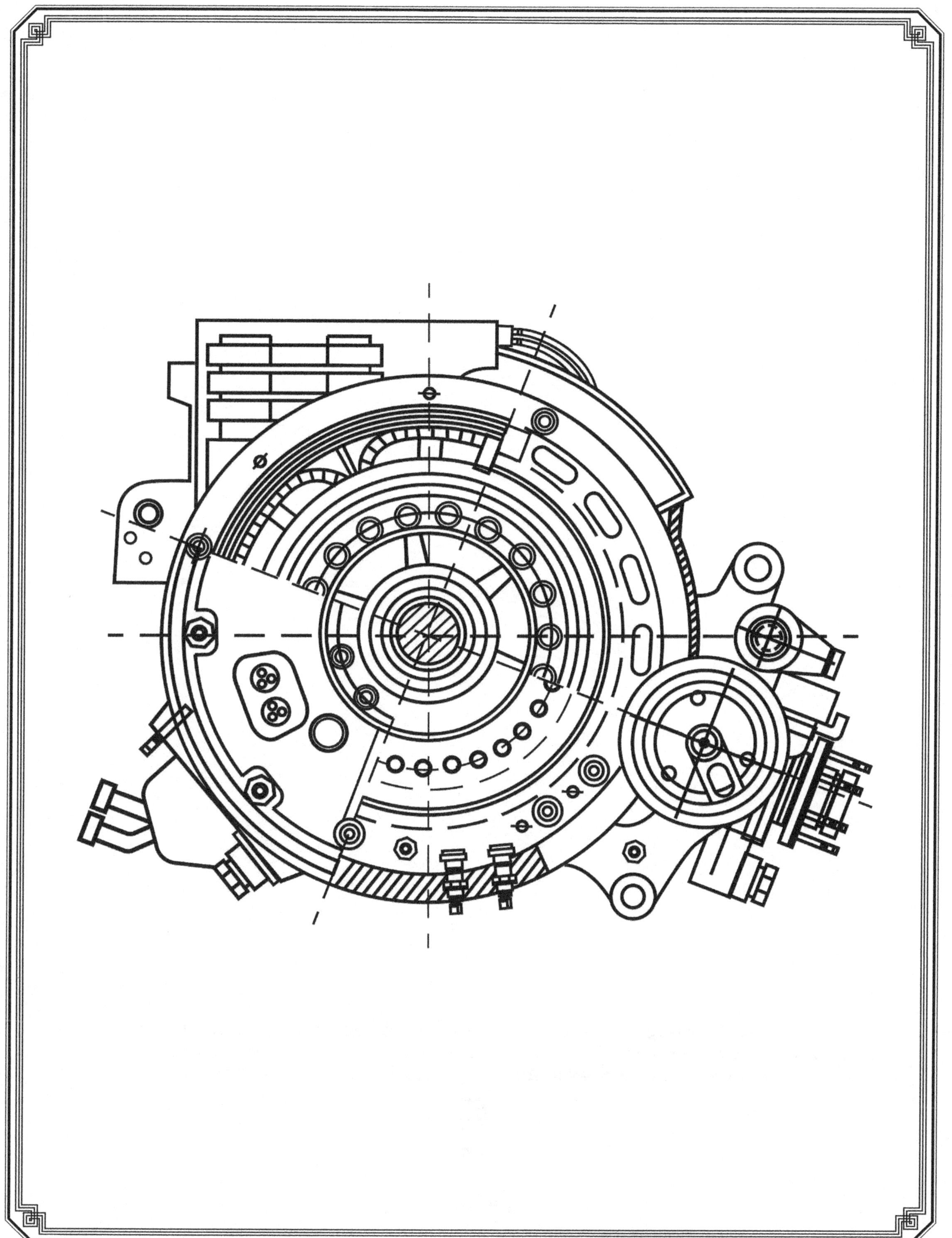

***C'est une purge par Page si vous utilisez un coloriage feutre ou un stylo!***

*Trouver d'autres grands titres par la recherche de* Coloriage Bandit *sur Favorite livre détaillant*

**Amazon.Ca | Barnes & Noble (BN.Com) | J'ai Des Livres 1 Million (BAM.Com)**

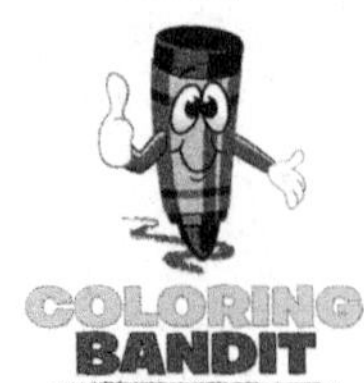

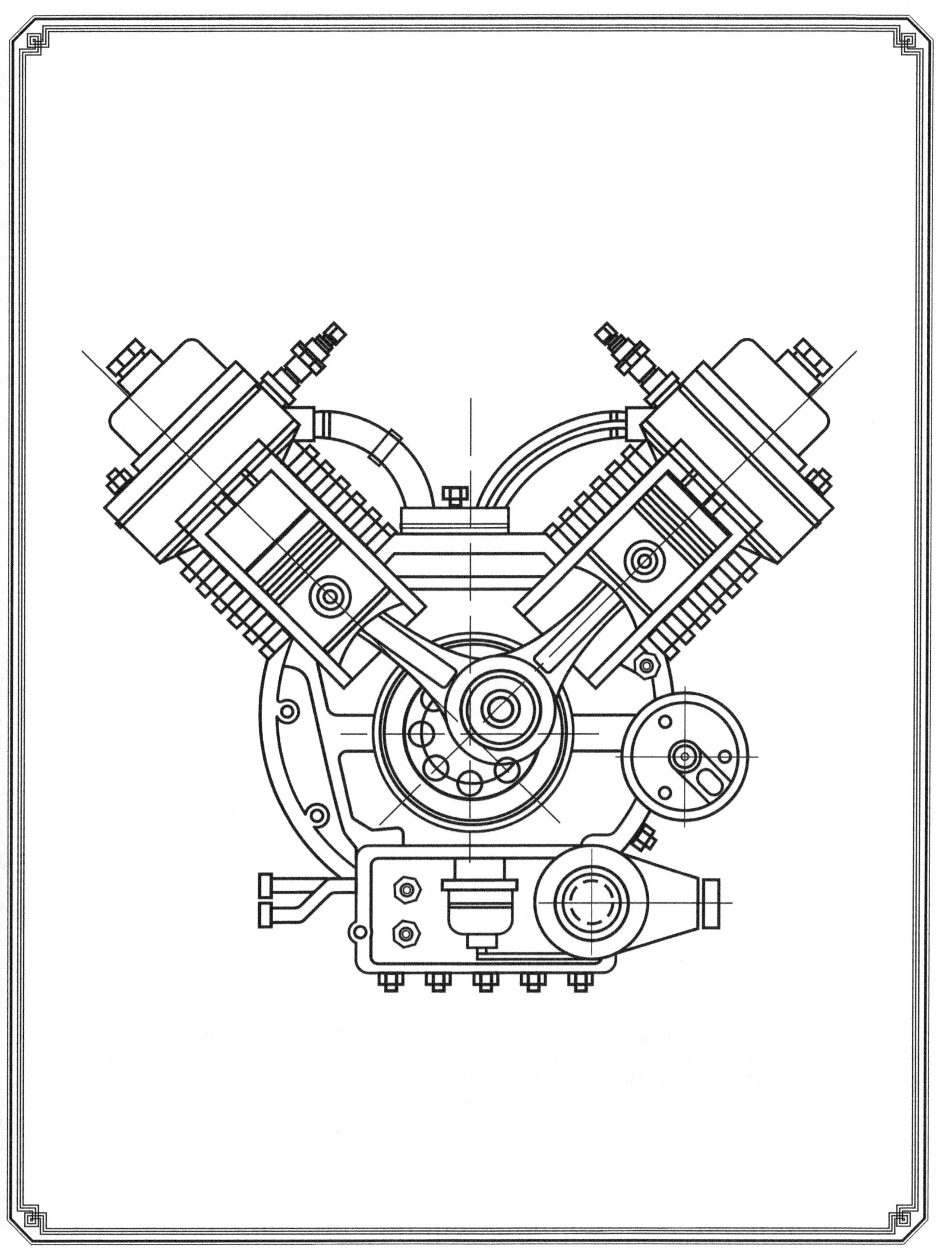

***C'est une purge par Page si vous utilisez un coloriage feutre ou un stylo!***

*Trouver d'autres grands titres par la recherche de Coloriage Bandit sur Favorite livre détaillant*

**Amazon.Ca | Barnes & Noble (BN.Com) | J'ai Des Livres 1 Million (BAM.Com)**

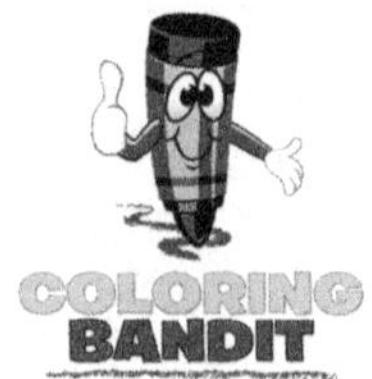

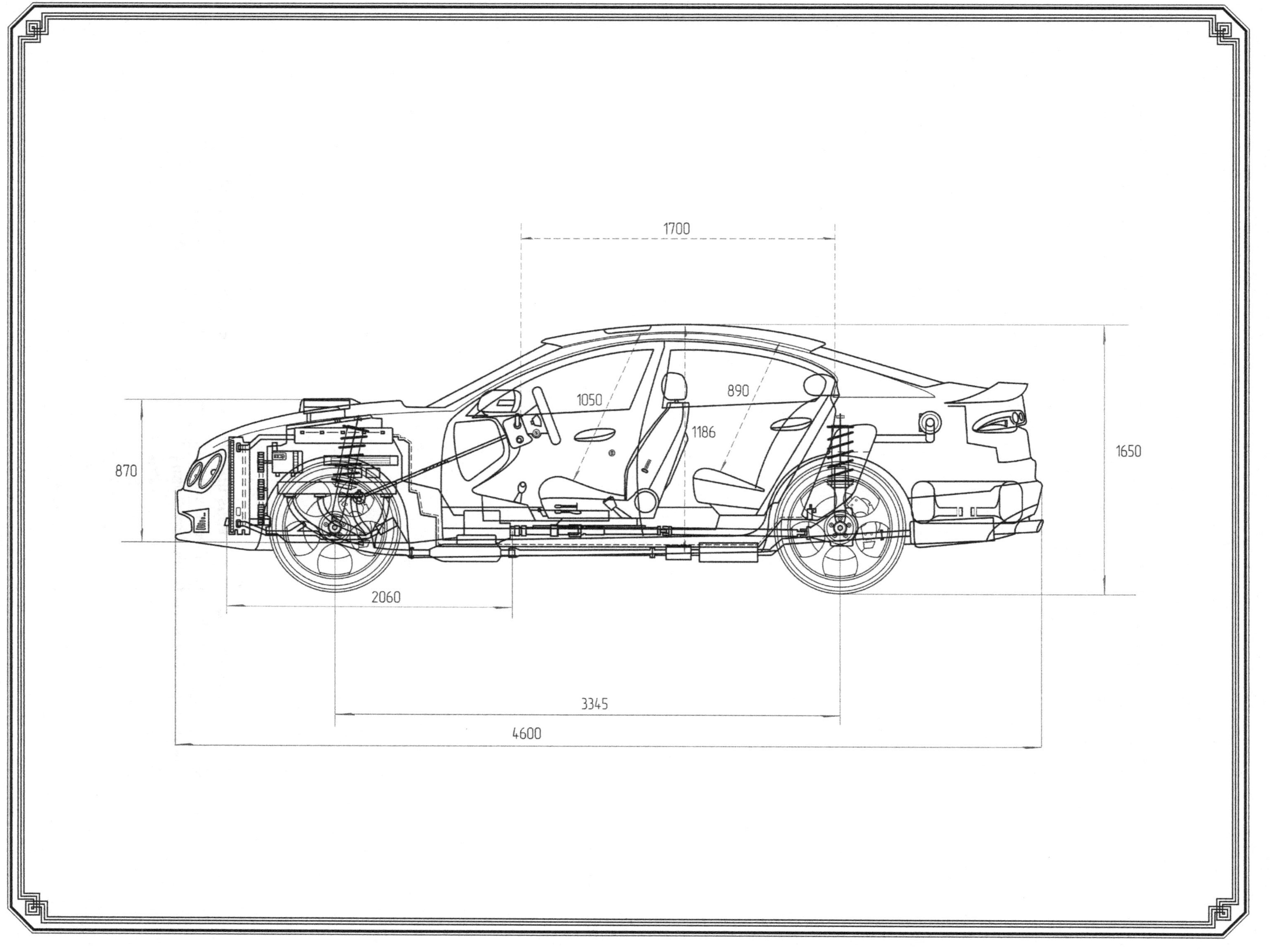
1700
1050
890
1186
870
1650
2060
3345
4600

***C'est une purge par Page si vous utilisez un coloriage feutre ou un stylo!***

*Trouver d'autres grands titres par la recherche de Coloriage Bandit sur Favorite livre détaillant*

**Amazon.Ca | Barnes & Noble (BN.Com) | J'ai Des Livres 1 Million (BAM.Com)**

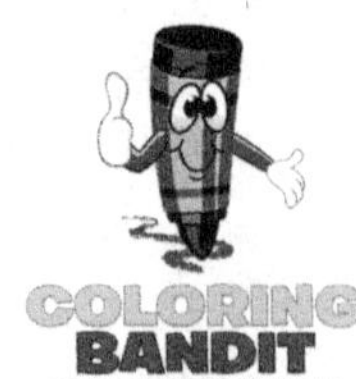

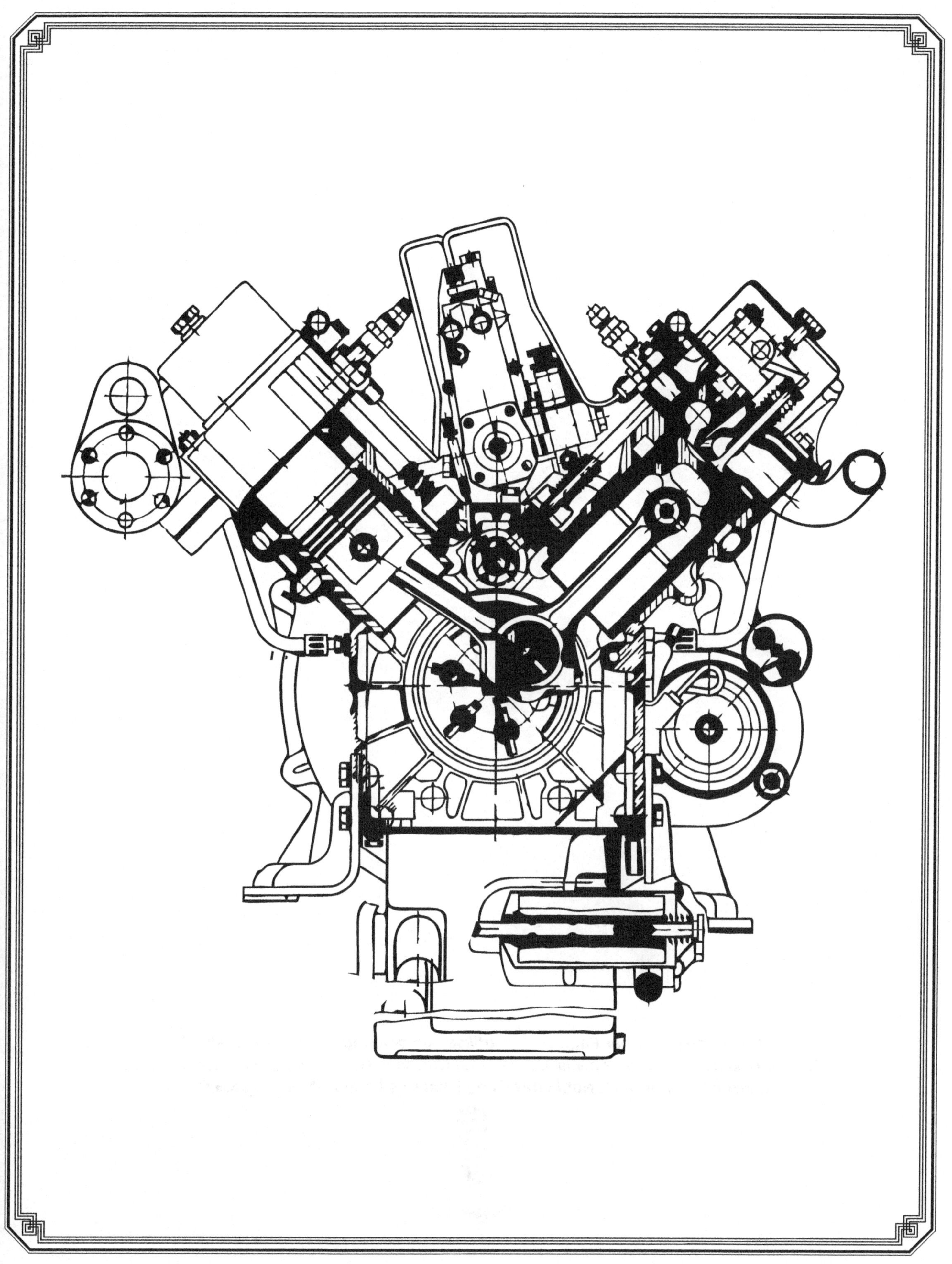

***C'est une purge par Page si vous utilisez un coloriage feutre ou un stylo!***

*Trouver d'autres grands titres par la recherche de Coloriage Bandit sur Favorite livre détaillant*

**Amazon.Ca | Barnes & Noble (BN.Com) | J'ai Des Livres 1 Million (BAM.Com)**

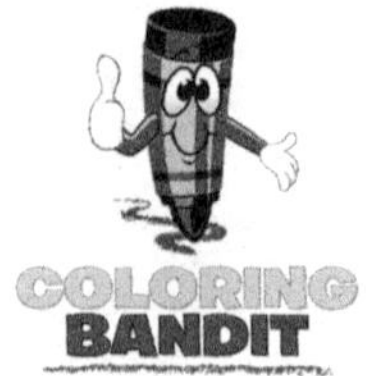

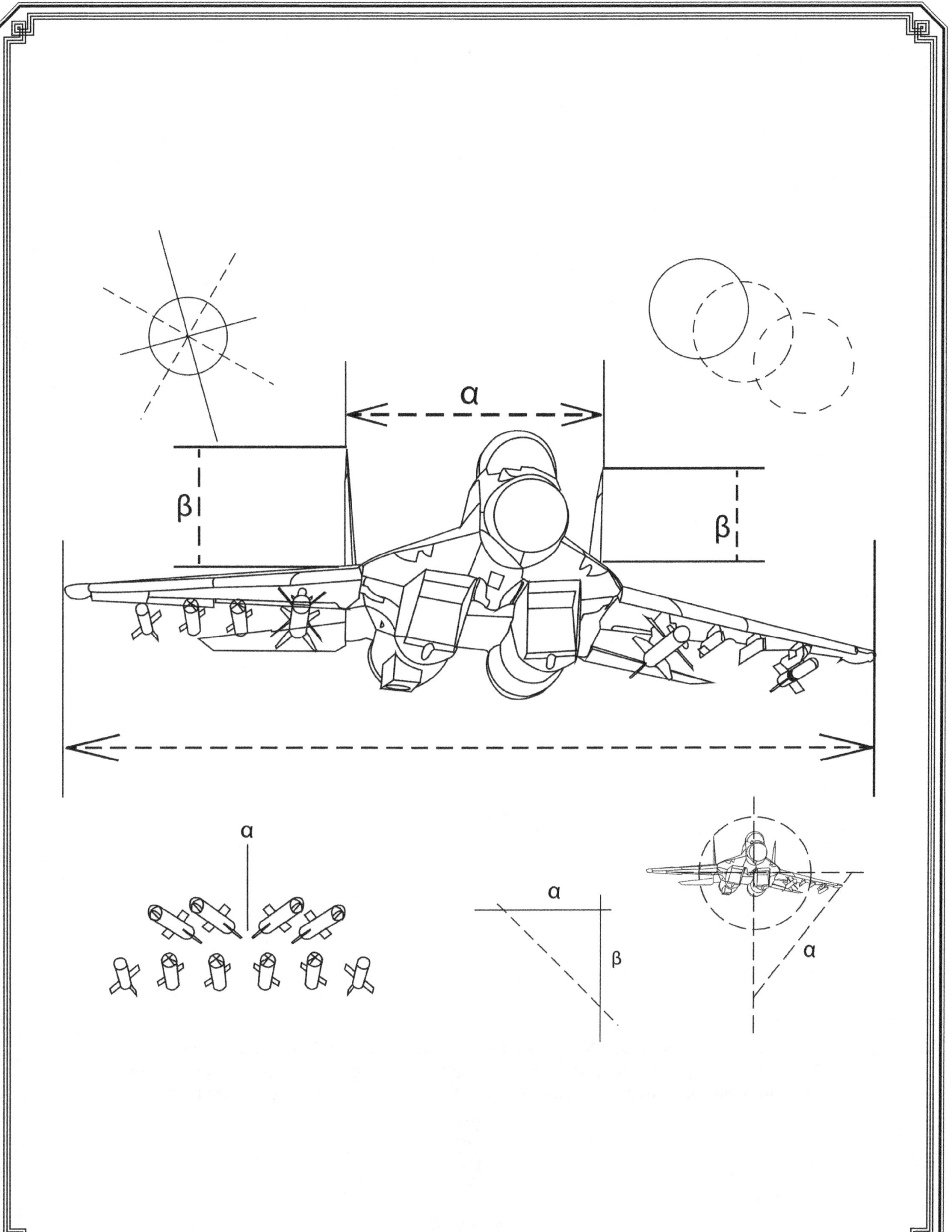

α
β
β
α
α
β
α

***C'est une purge par Page si vous utilisez un coloriage feutre ou un stylo!***

*Trouver d'autres grands titres par la recherche de Coloriage Bandit sur Favorite livre détaillant*

**Amazon.Ca | Barnes & Noble (BN.Com) | J'ai Des Livres 1 Million (BAM.Com)**

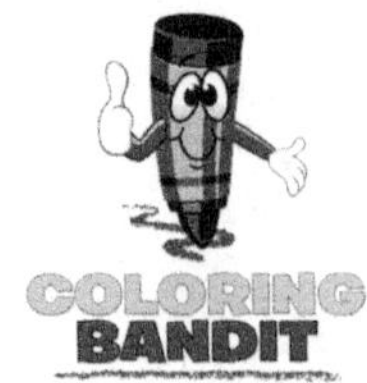

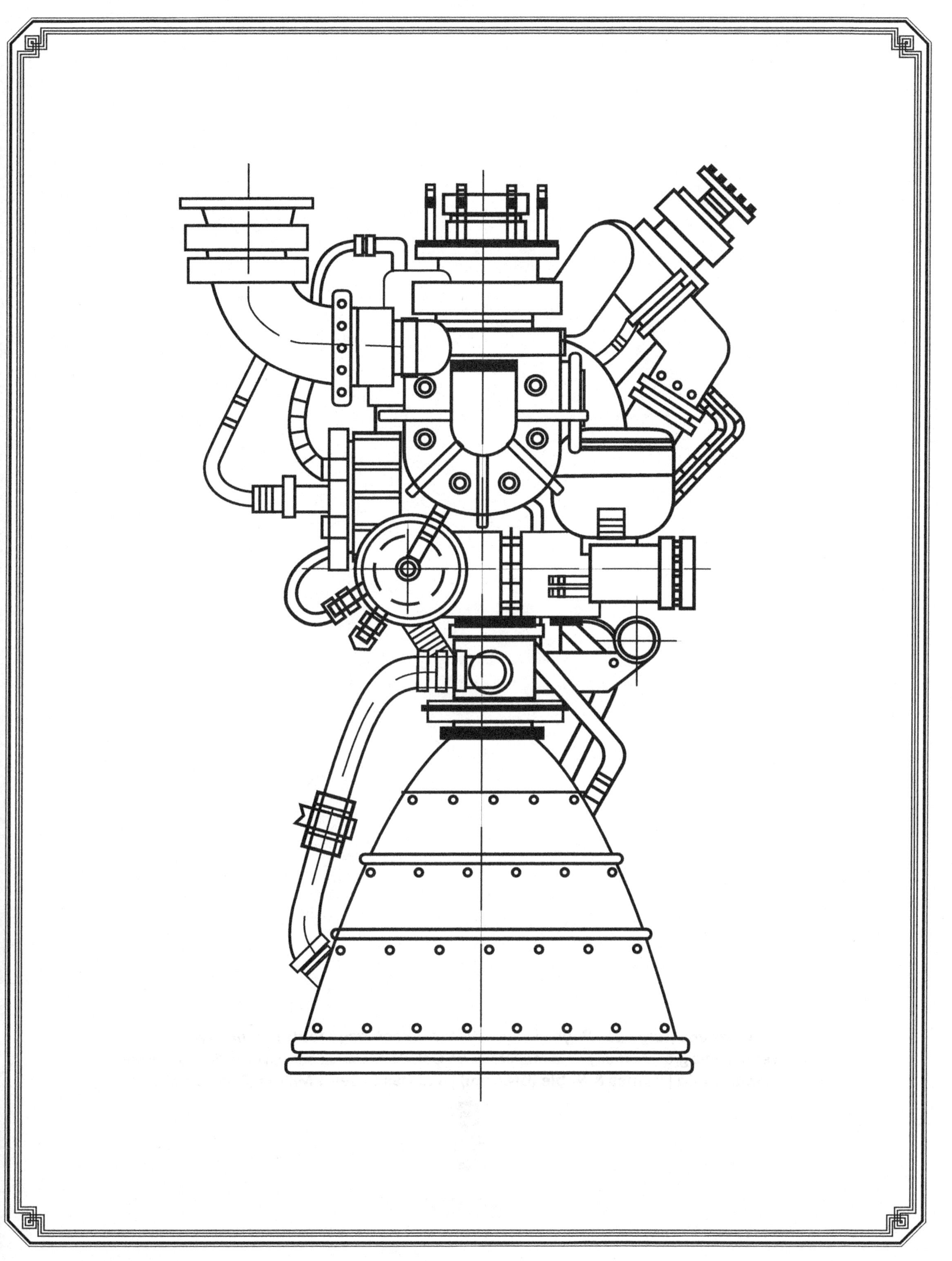

***C'est une purge par Page si vous utilisez un coloriage feutre ou un stylo!***

*Trouver d'autres grands titres par la recherche de Coloriage Bandit sur Favorite livre détaillant*

**Amazon.Ca | Barnes & Noble (BN.Com) | J'ai Des Livres 1 Million (BAM.Com)**

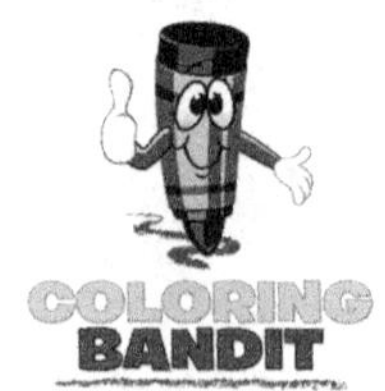

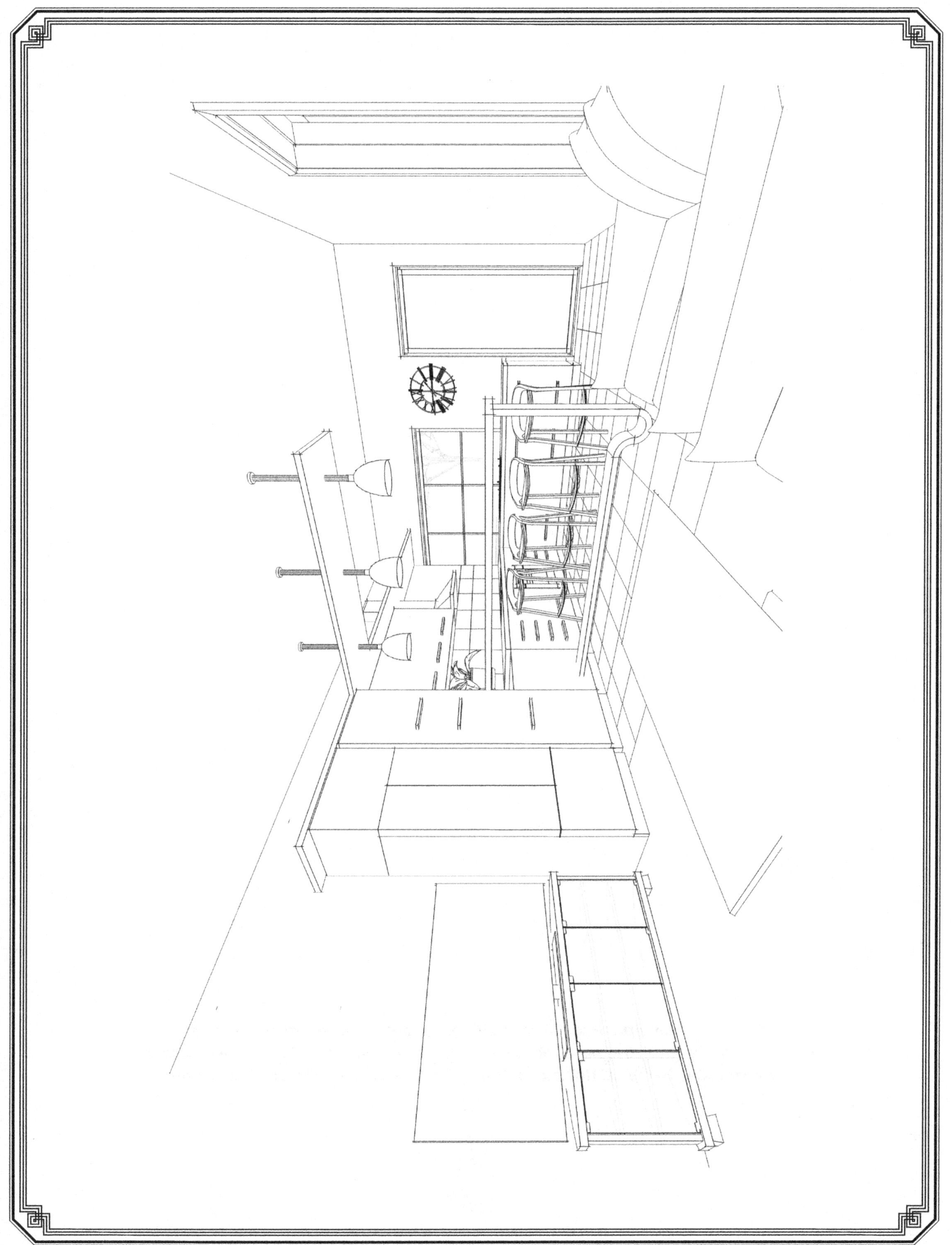

***C'est une purge par Page si vous utilisez un coloriage feutre ou un stylo!***

*Trouver d'autres grands titres par la recherche de Coloriage Bandit sur Favorite livre détaillant*

**Amazon.Ca | Barnes & Noble (BN.Com) | J'ai Des Livres 1 Million (BAM.Com)**

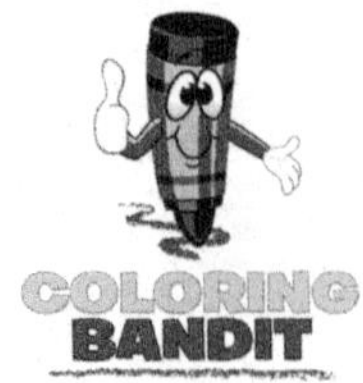

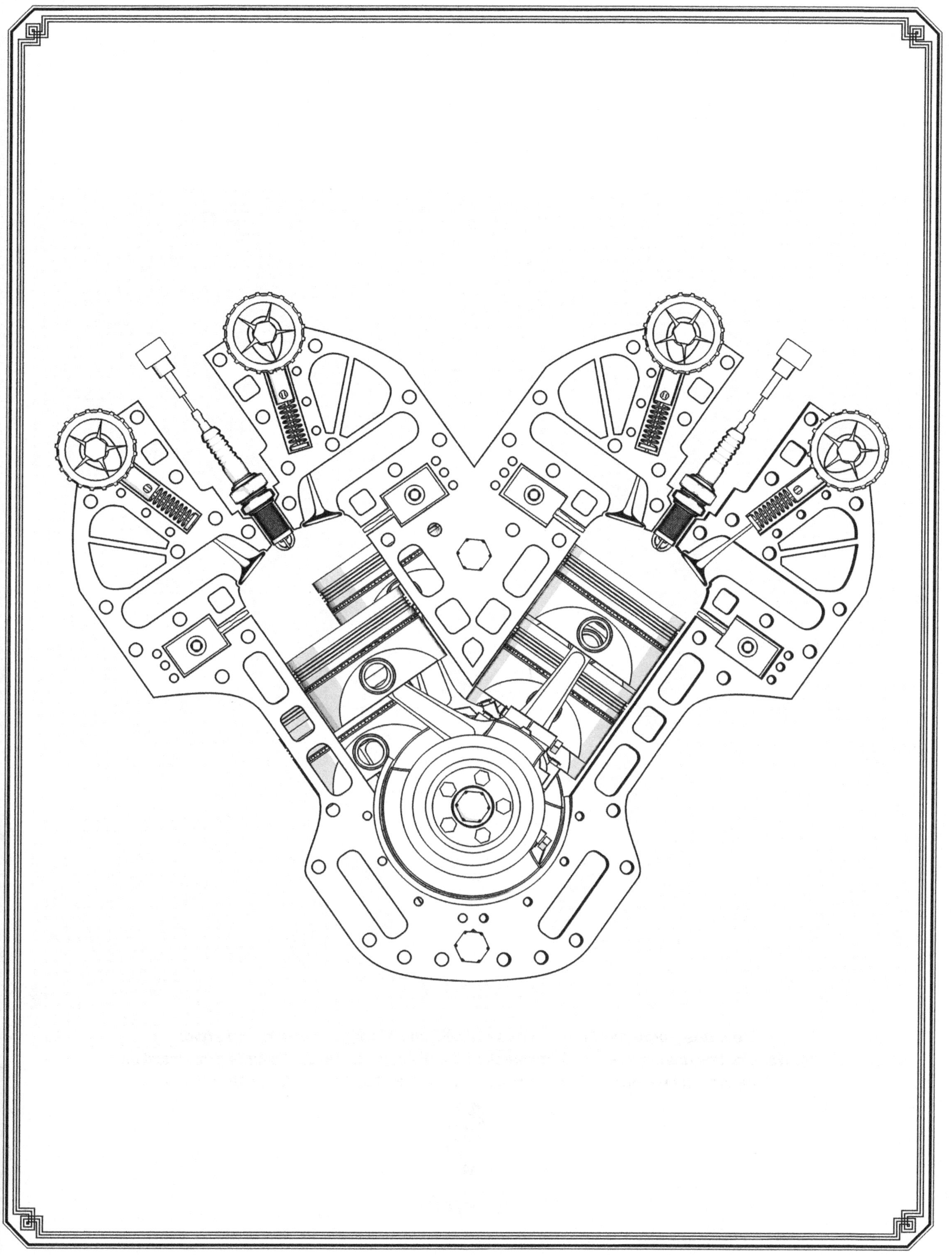

***C'est une purge par Page si vous utilisez un coloriage feutre ou un stylo!***

*Trouver d'autres grands titres par la recherche de Coloriage Bandit sur Favorite livre détaillant*

**Amazon.Ca | Barnes & Noble (BN.Com) | J'ai Des Livres 1 Million (BAM.Com)**

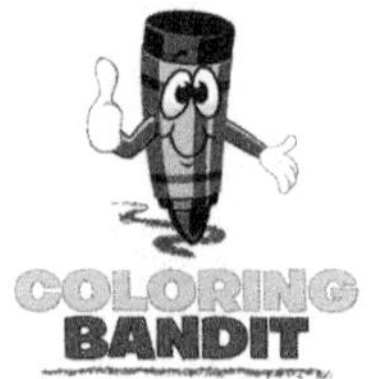

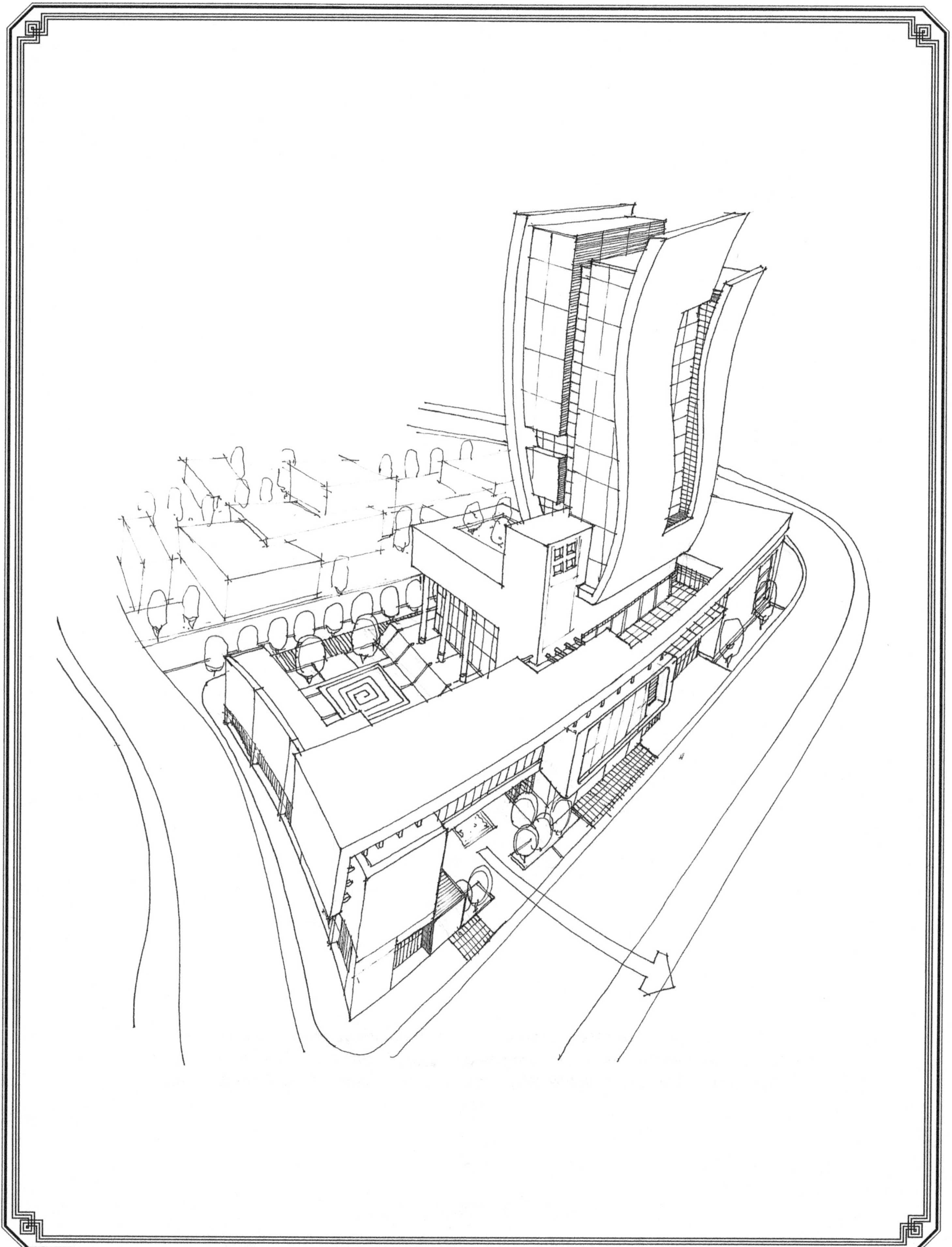

***C'est une purge par Page si vous utilisez un coloriage feutre ou un stylo!***

*Trouver d'autres grands titres par la recherche de Coloriage Bandit sur Favorite livre détaillant*

**Amazon.Ca | Barnes & Noble (BN.Com) | J'ai Des Livres 1 Million (BAM.Com)**

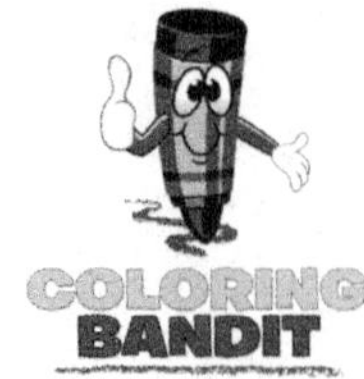

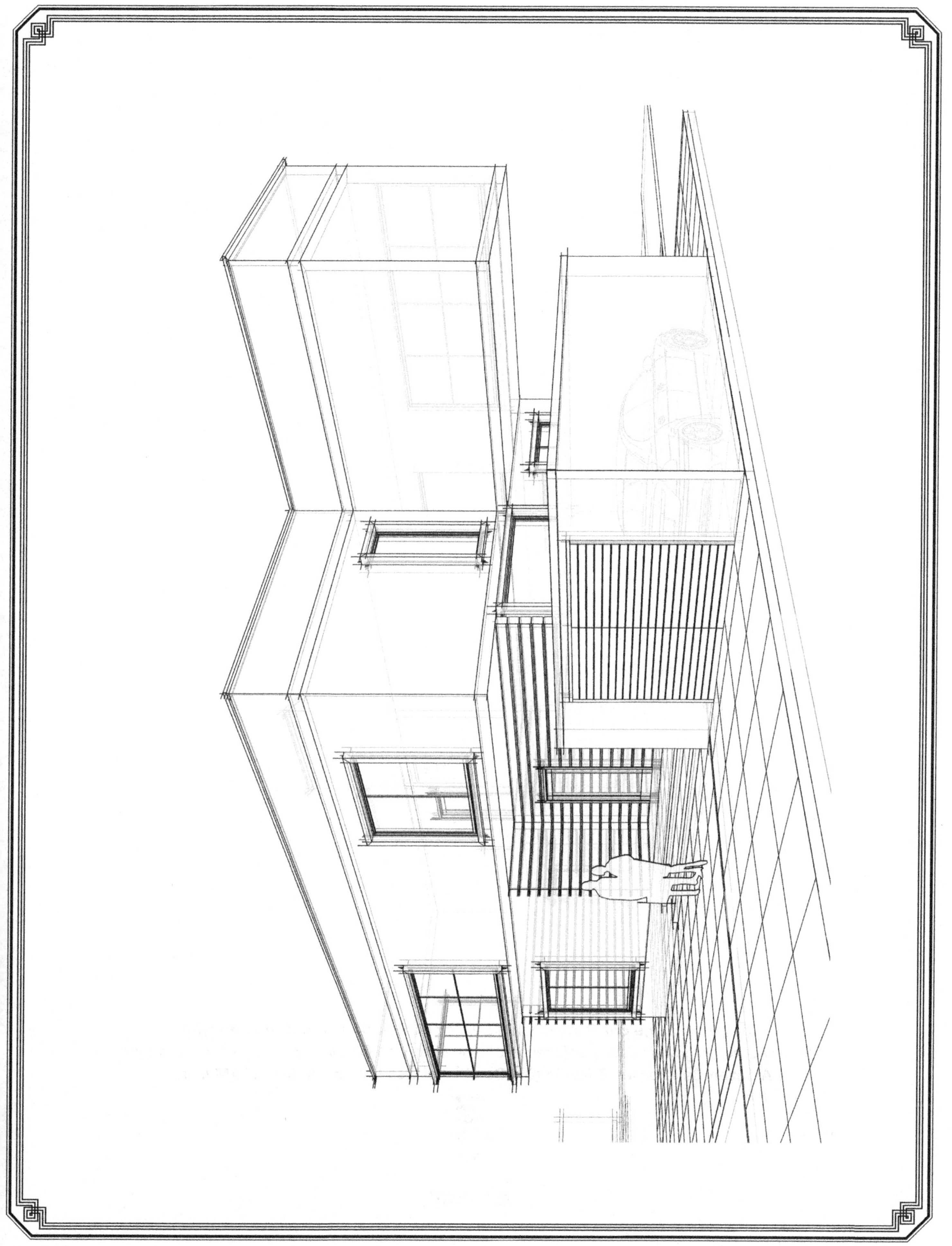

***C'est une purge par Page si vous utilisez un coloriage feutre ou un stylo!***

*Trouver d'autres grands titres par la recherche de Coloriage Bandit sur Favorite livre détaillant*

**Amazon.Ca | Barnes & Noble (BN.Com) | J'ai Des Livres 1 Million (BAM.Com)**

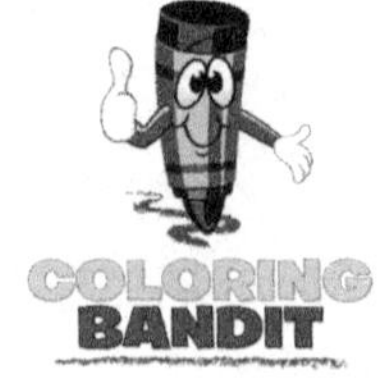

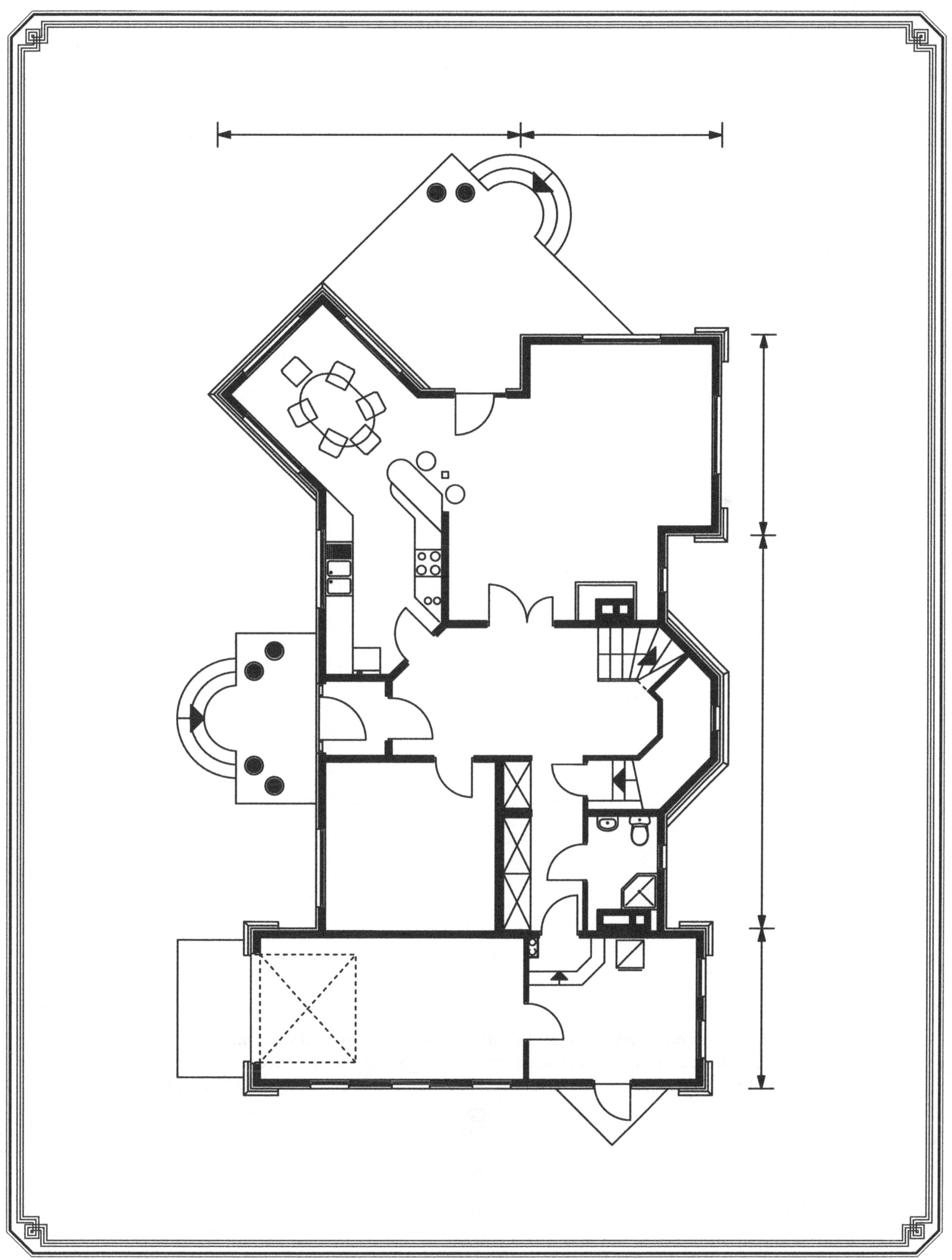

***C'est une purge par Page si vous utilisez un coloriage feutre ou un stylo!***

*Trouver d'autres grands titres par la recherche de Coloriage Bandit sur Favorite livre détaillant*

**Amazon.Ca | Barnes & Noble (BN.Com) | J'ai Des Livres 1 Million (BAM.Com)**

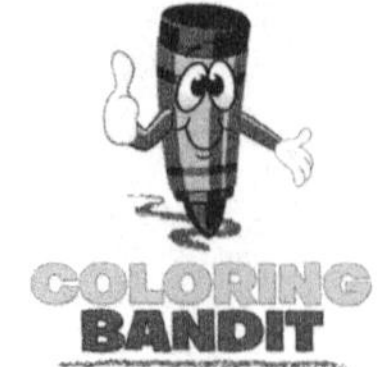

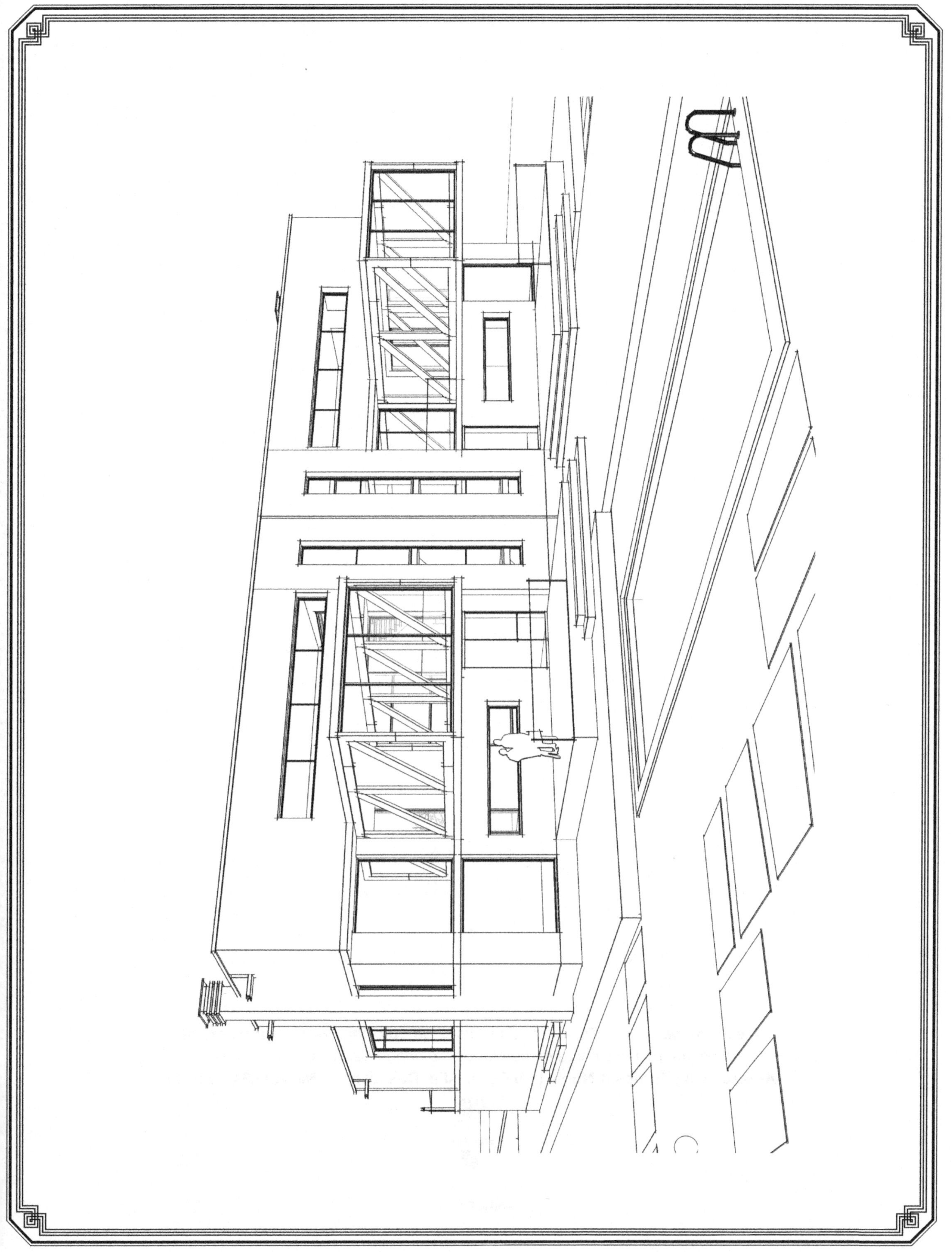

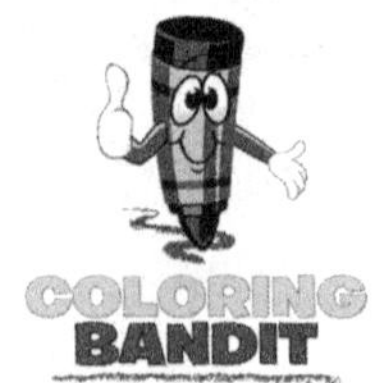
COLORING
BANDIT

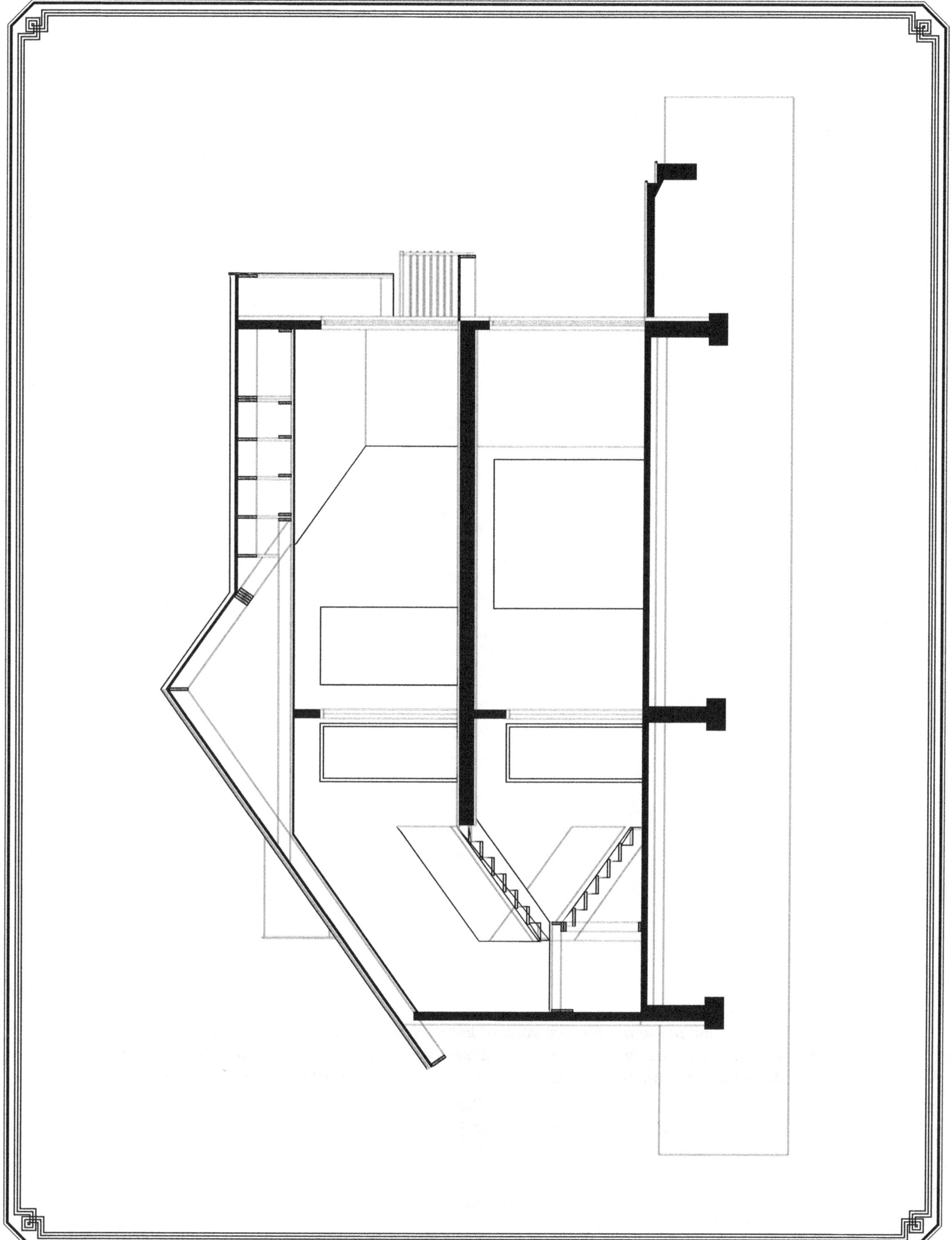

***C’est une purge par Page si vous utilisez un coloriage feutre ou un stylo!***

*Trouver d’autres grands titres par la recherche de Coloriage Bandit sur Favorite livre détaillant*

**Amazon.Ca | Barnes & Noble (BN.Com) | J’ai Des Livres 1 Million (BAM.Com)**

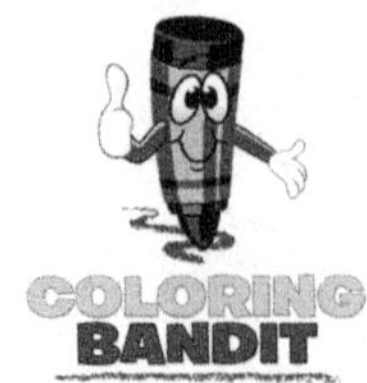

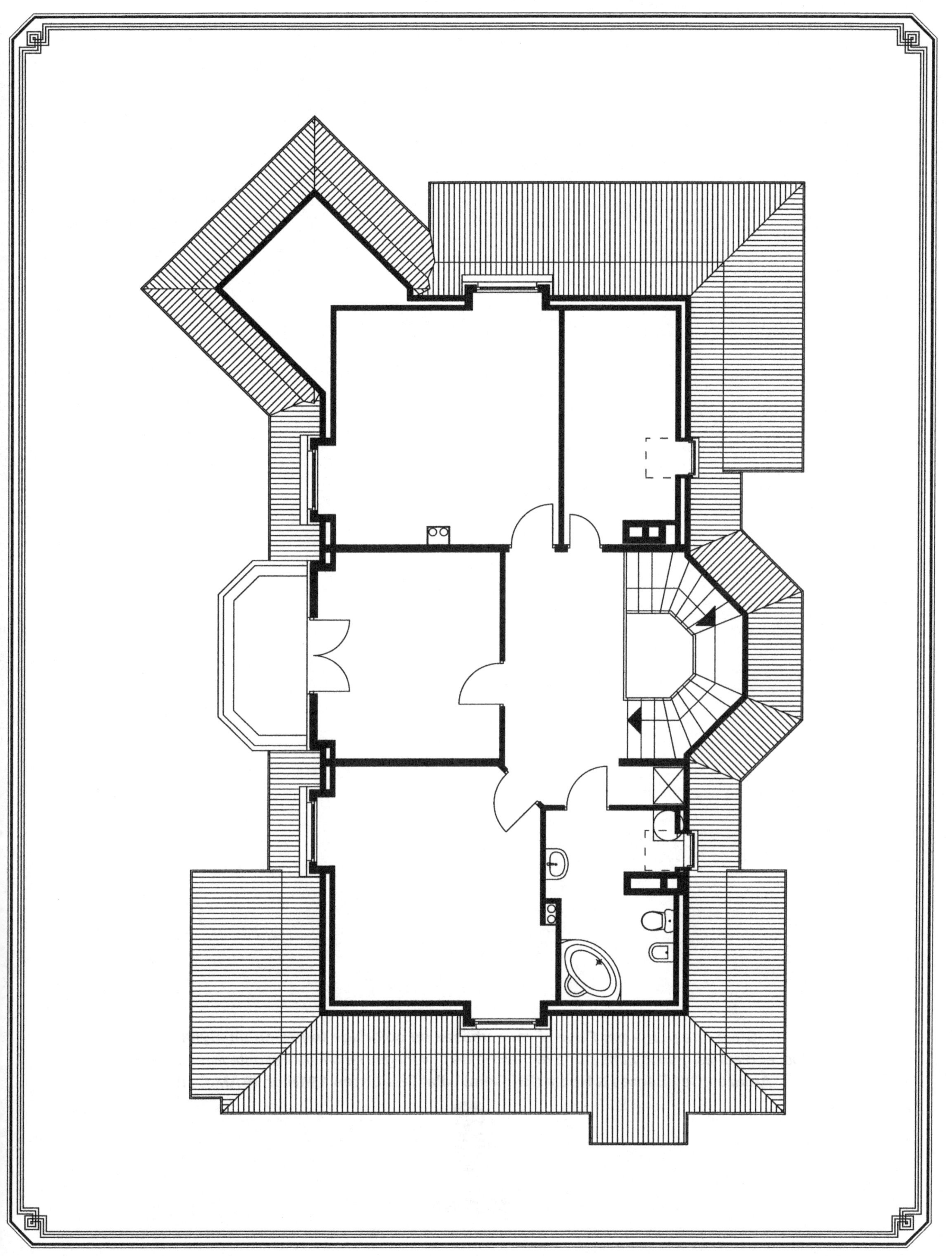

***C'est une purge par Page si vous utilisez un coloriage feutre ou un stylo!***

*Trouver d'autres grands titres par la recherche de Coloriage Bandit sur Favorite livre détaillant*

**Amazon.Ca | Barnes & Noble (BN.Com) | J'ai Des Livres 1 Million (BAM.Com)**

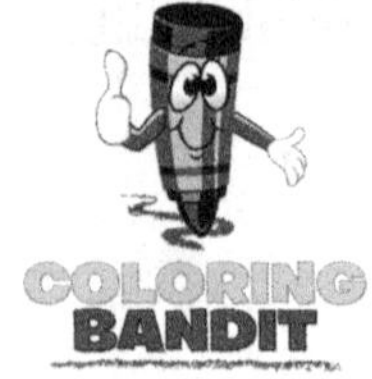

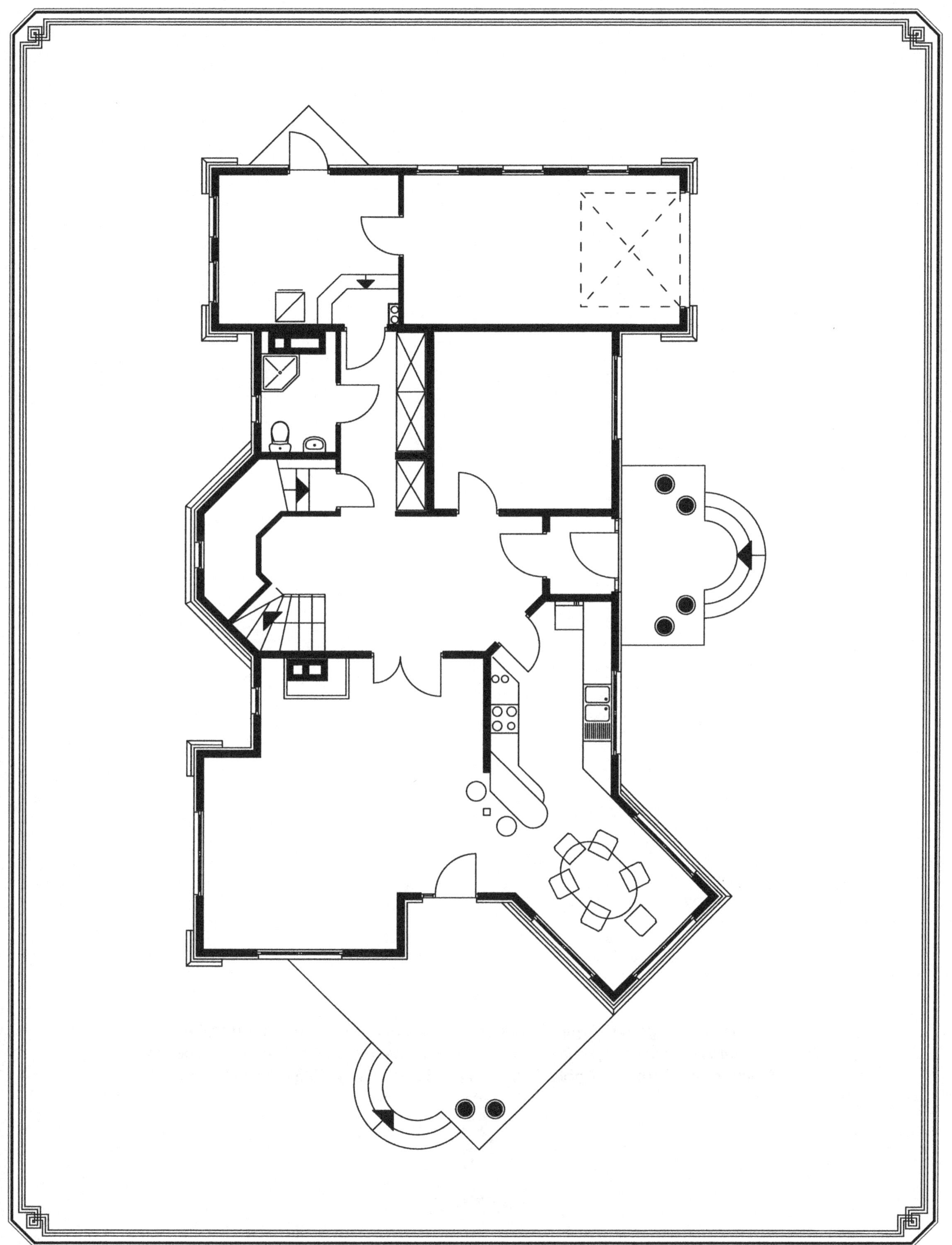

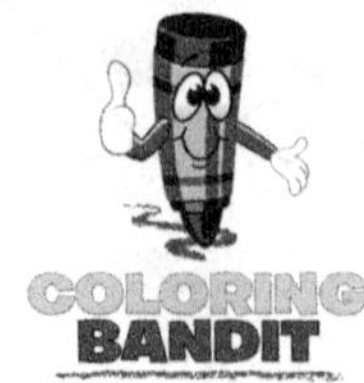
COLORING
BANDIT

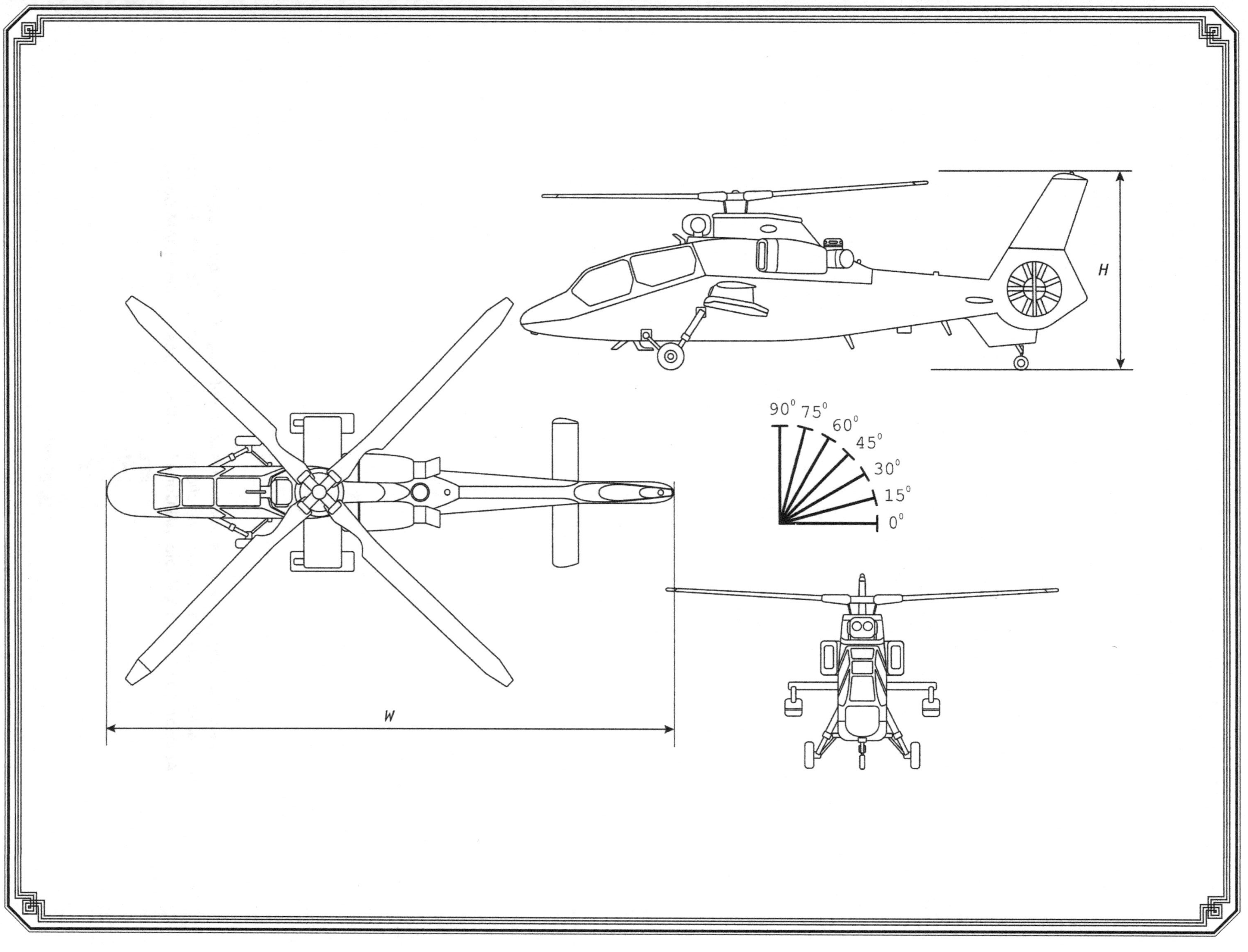
H
90° 75° 60° 45° 30° 15° 0°
W

***C'est une purge par Page si vous utilisez un coloriage feutre ou un stylo!***

*Trouver d'autres grands titres par la recherche de Coloriage Bandit sur Favorite livre détaillant*

**Amazon.Ca | Barnes & Noble (BN.Com) | J'ai Des Livres 1 Million (BAM.Com)**

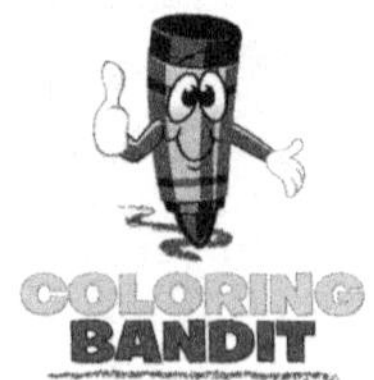

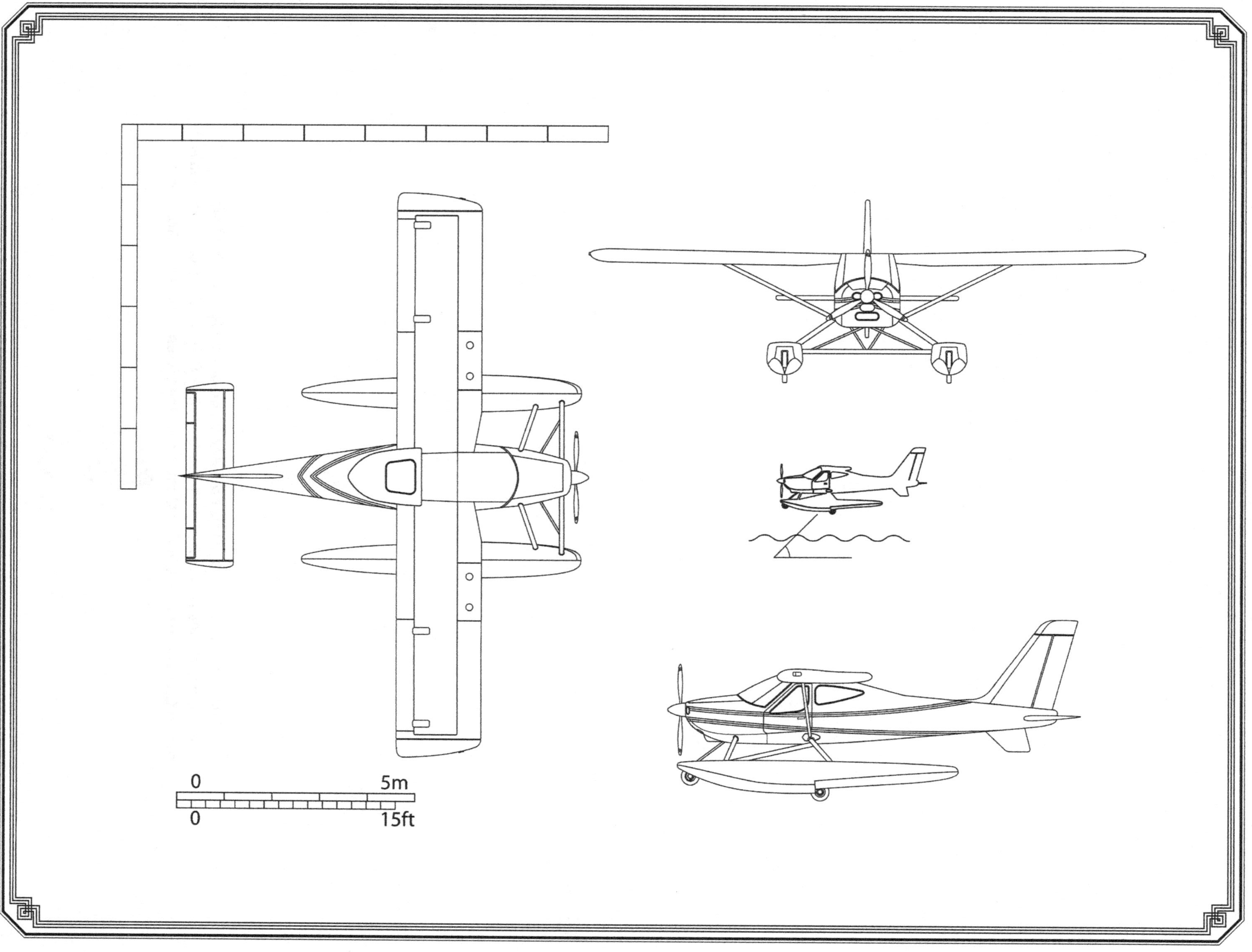
0
5m
0
15ft

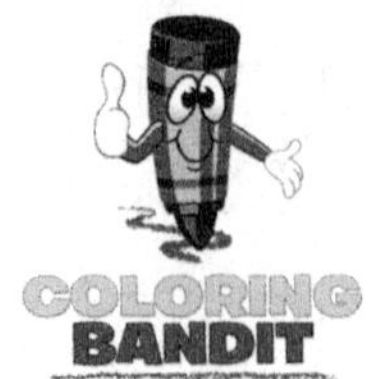
COLORING
BANDIT

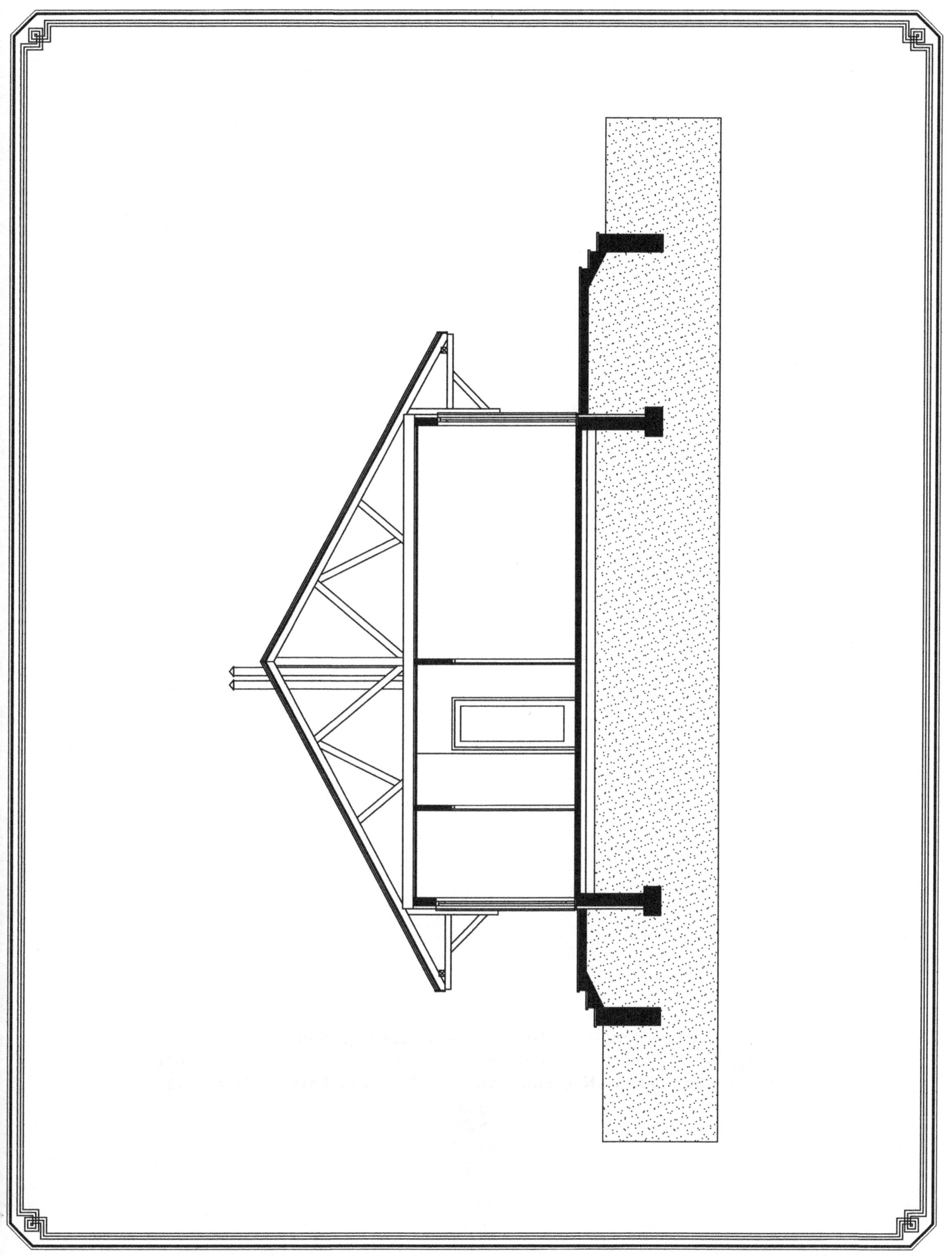

***C'est une purge par Page si vous utilisez un coloriage feutre ou un stylo!***

*Trouver d'autres grands titres par la recherche de Coloriage Bandit sur Favorite livre détaillant*

**Amazon.Ca | Barnes & Noble (BN.Com) | J'ai Des Livres 1 Million (BAM.Com)**

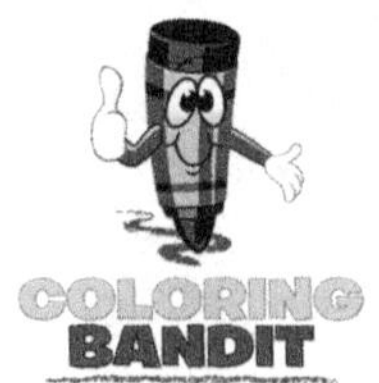

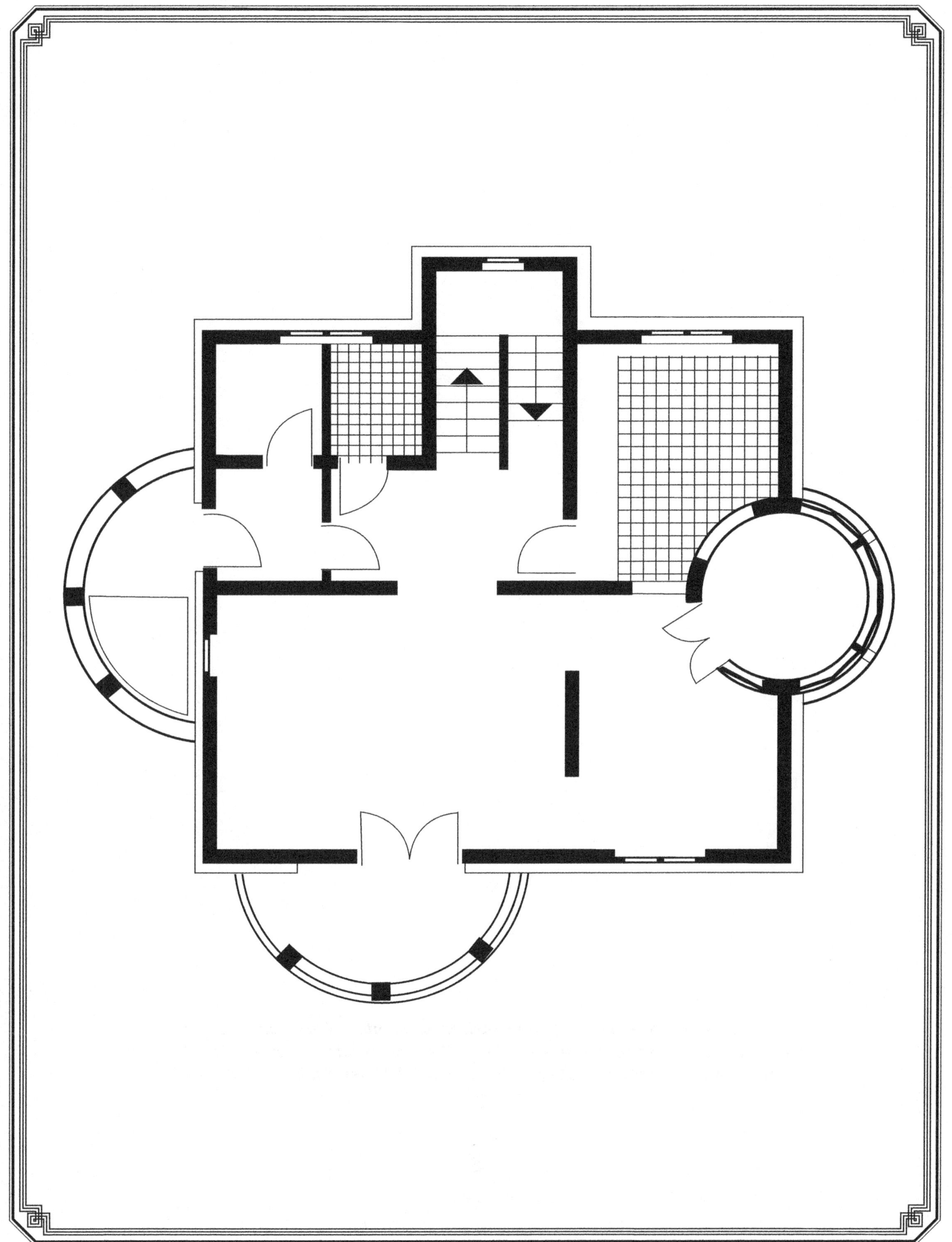

***C'est une purge par Page si vous utilisez un coloriage feutre ou un stylo!***

*Trouver d'autres grands titres par la recherche de Coloriage Bandit sur Favorite livre détaillant*

**Amazon.Ca | Barnes & Noble (BN.Com) | J'ai Des Livres 1 Million (BAM.Com)**

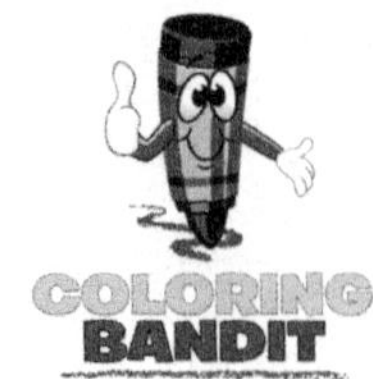

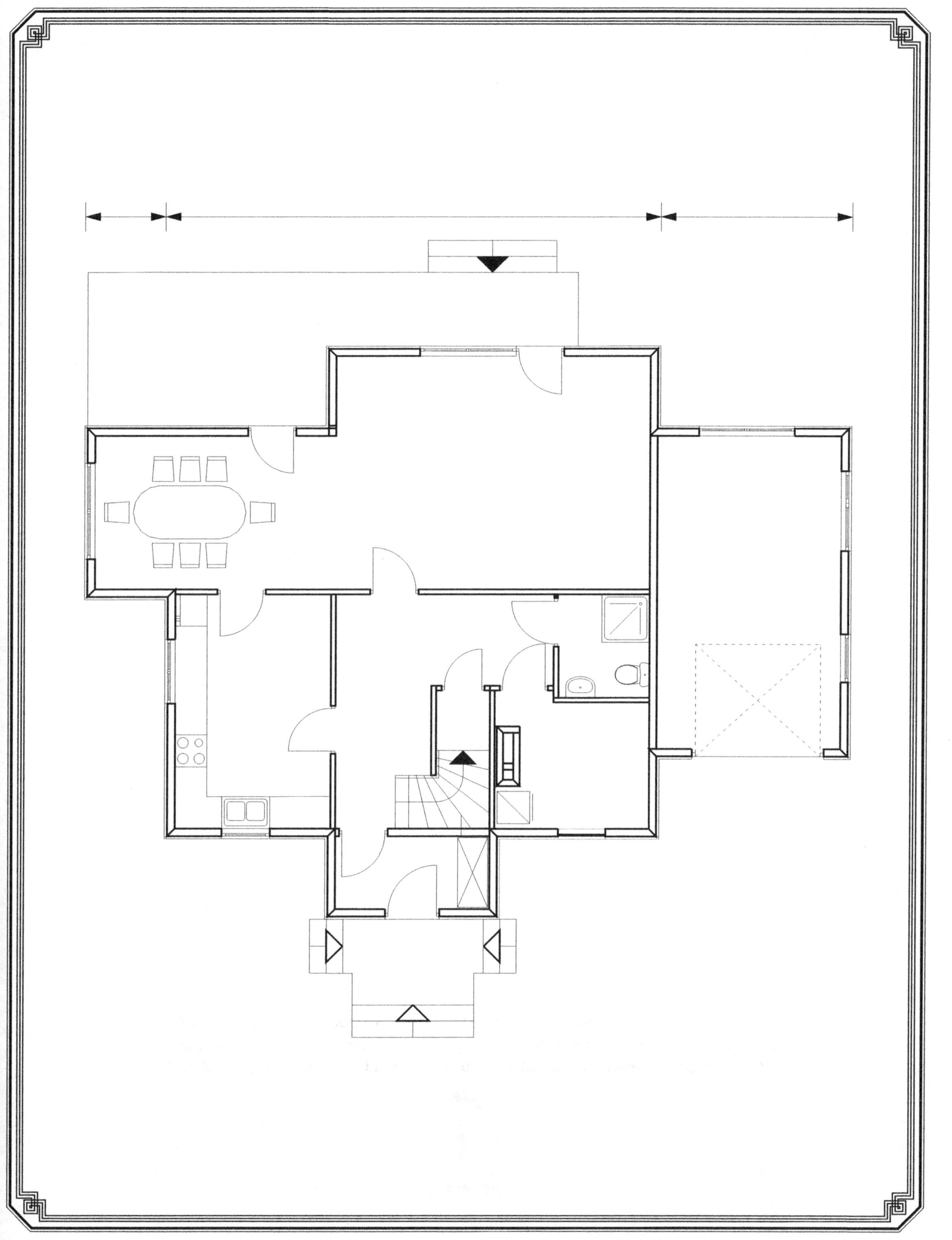

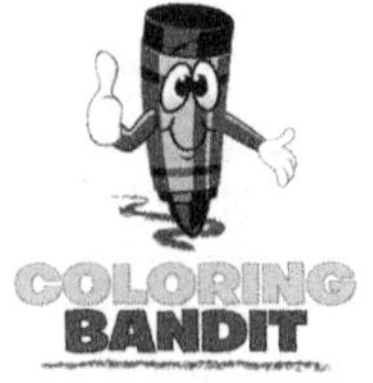
COLORING
BANDIT

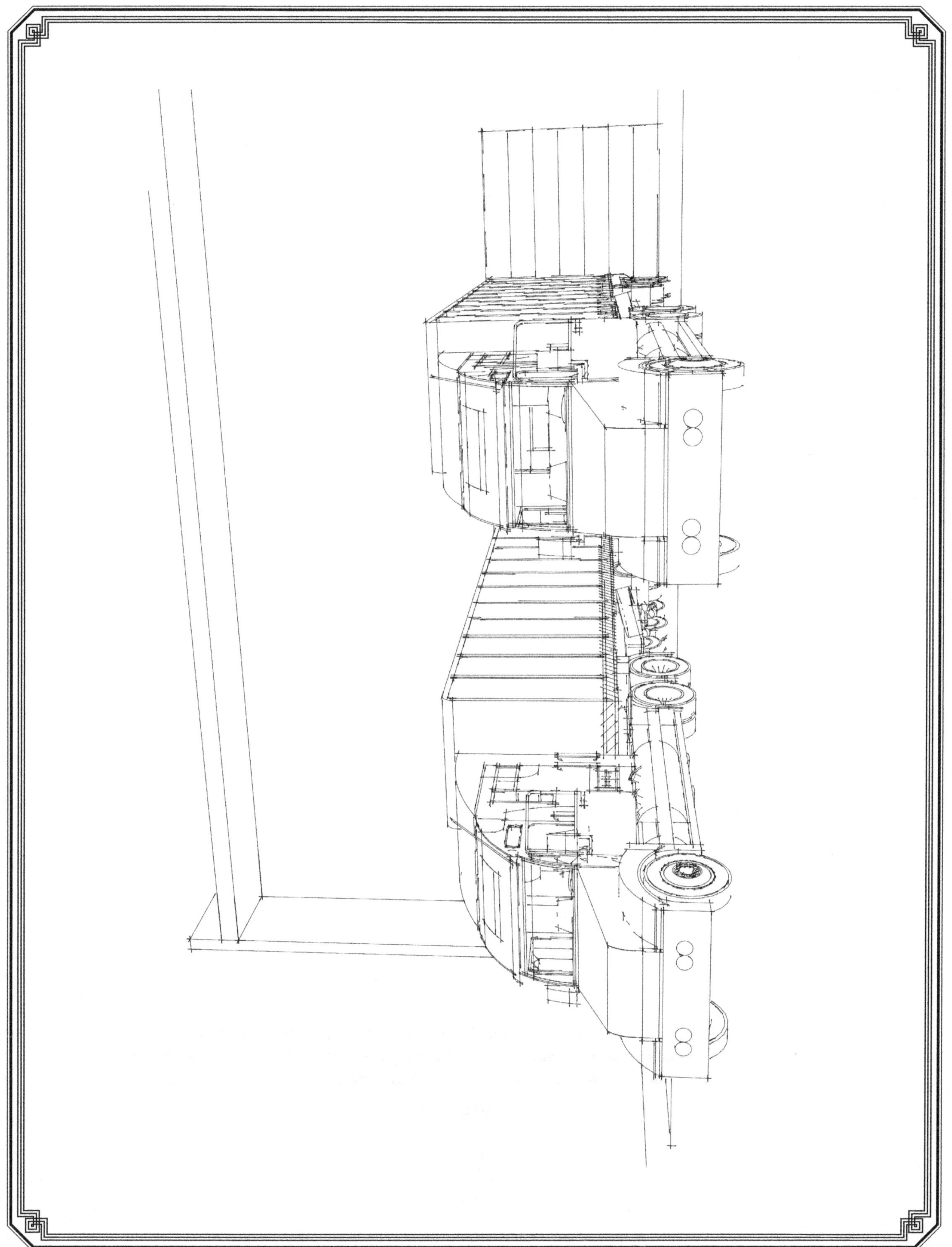

***C'est une purge par Page si vous utilisez un coloriage feutre ou un stylo!***

*Trouver d'autres grands titres par la recherche de Coloriage Bandit sur Favorite livre détaillant*

**Amazon.Ca | Barnes & Noble (BN.Com) | J'ai Des Livres 1 Million (BAM.Com)**

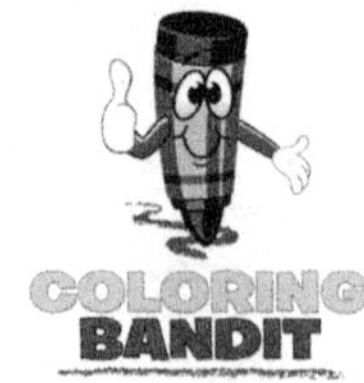

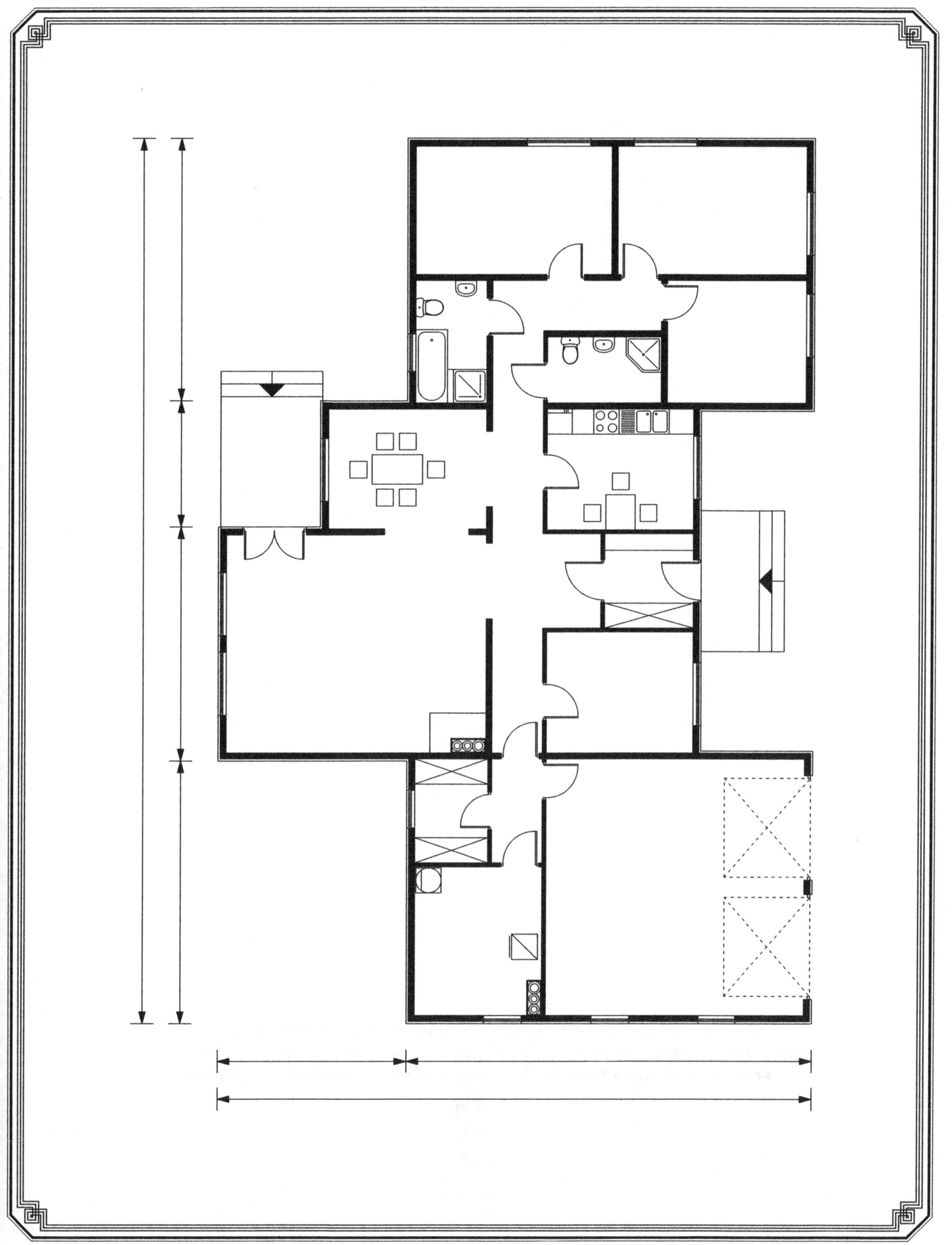

***C'est une purge par Page si vous utilisez un coloriage feutre ou un stylo!***

*Trouver d'autres grands titres par la recherche de Coloriage Bandit sur Favorite livre détaillant*

**Amazon.Ca | Barnes & Noble (BN.Com) | J'ai Des Livres 1 Million (BAM.Com)**

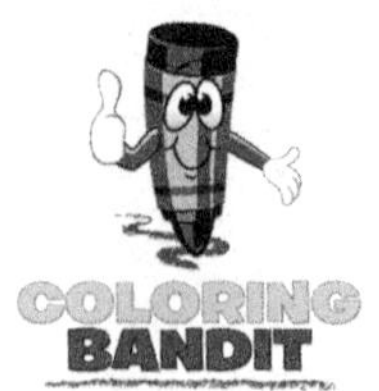

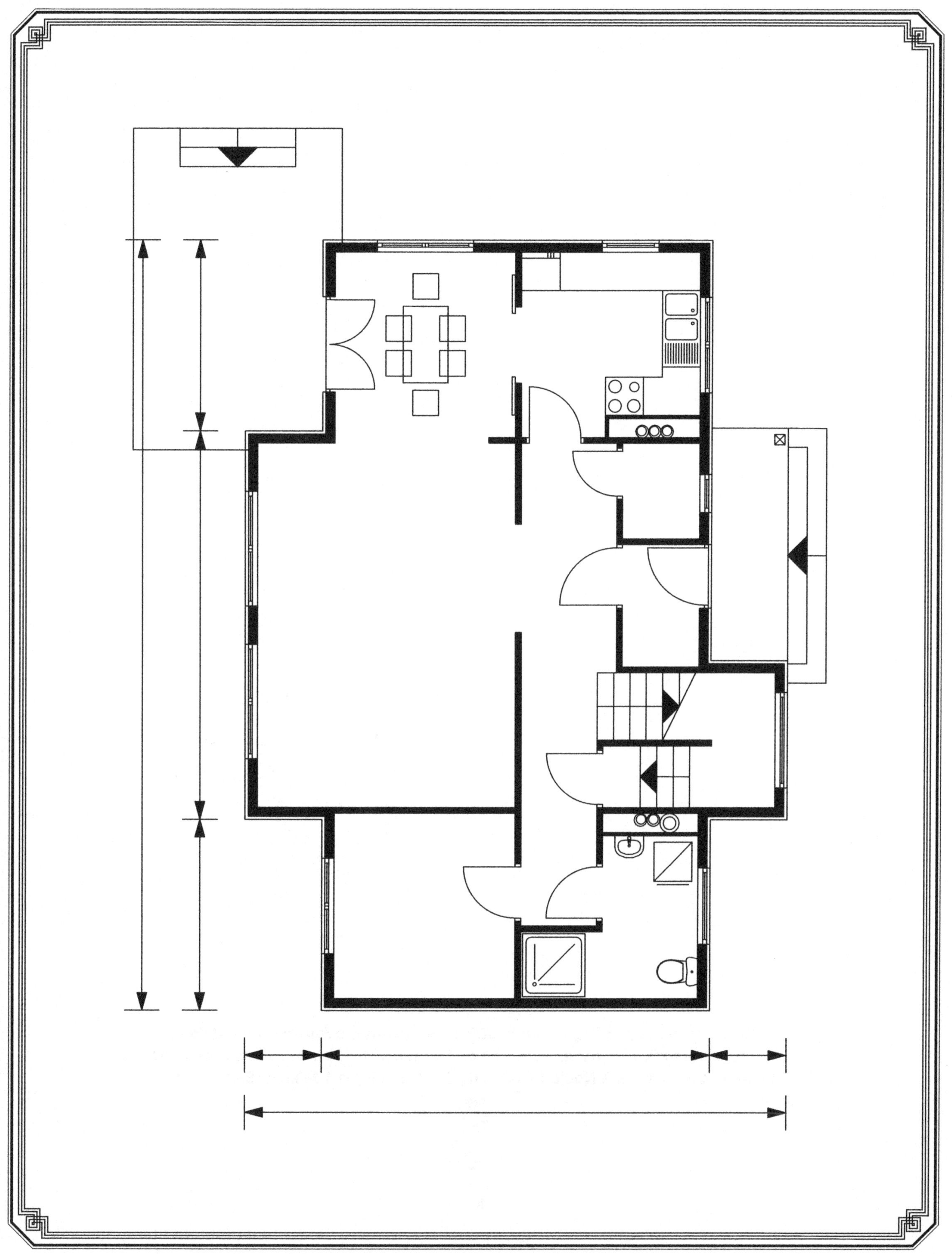

***C'est une purge par Page si vous utilisez un coloriage feutre ou un stylo!***

*Trouver d'autres grands titres par la recherche de Coloriage Bandit sur Favorite livre détaillant*

**Amazon.Ca | Barnes & Noble (BN.Com) | J'ai Des Livres 1 Million (BAM.Com)**

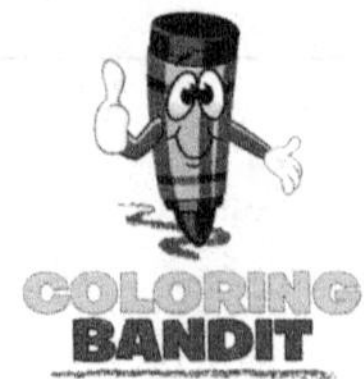

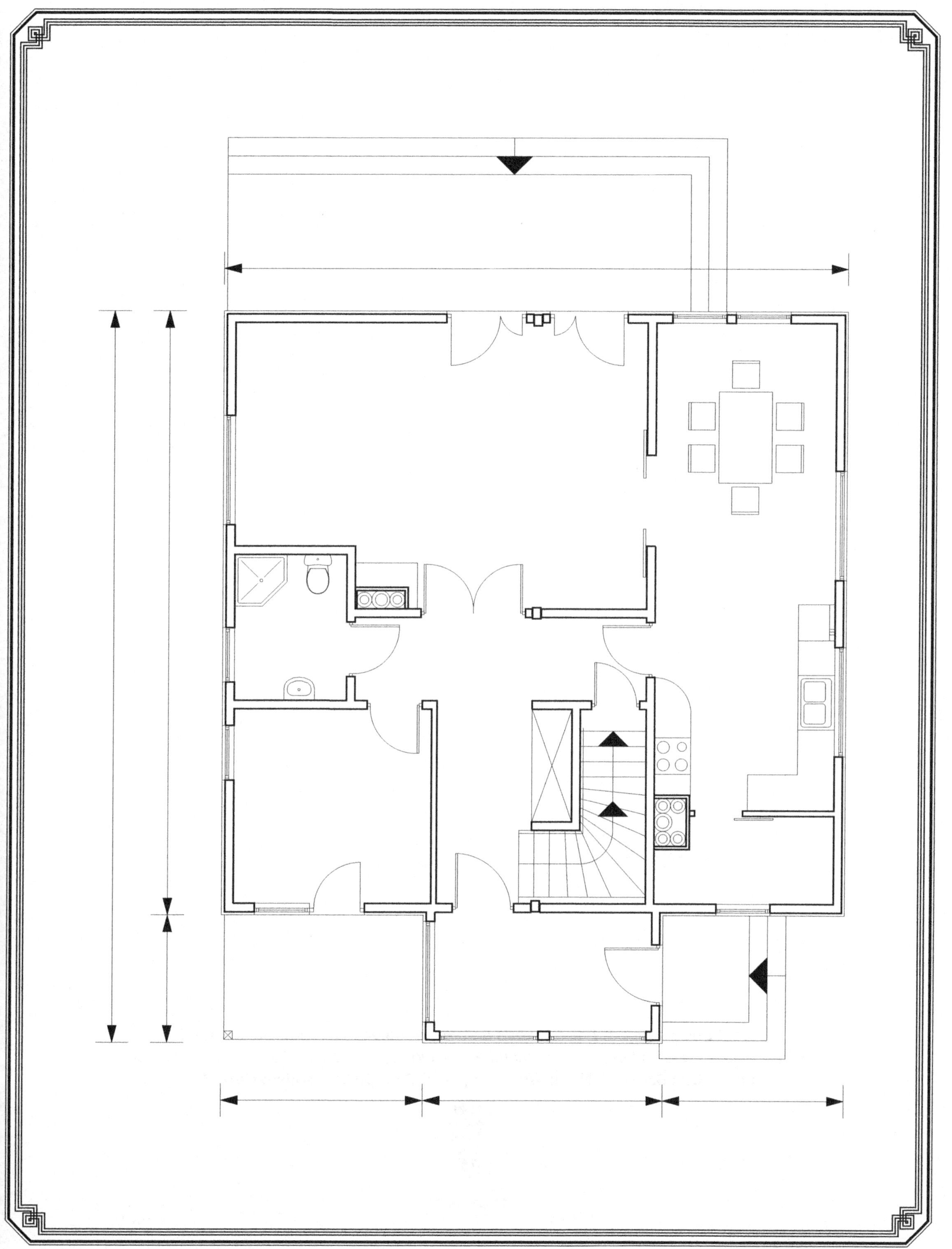

***C'est une purge par Page si vous utilisez un coloriage feutre ou un stylo!***

*Trouver d'autres grands titres par la recherche de Coloriage Bandit sur Favorite livre détaillant*

**Amazon.Ca | Barnes & Noble (BN.Com) | J'ai Des Livres 1 Million (BAM.Com)**

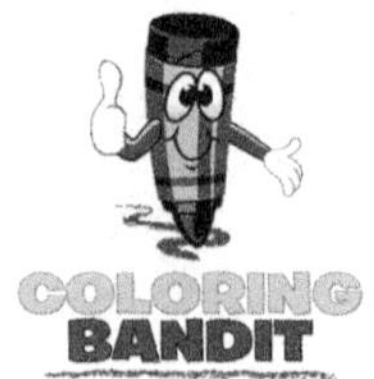

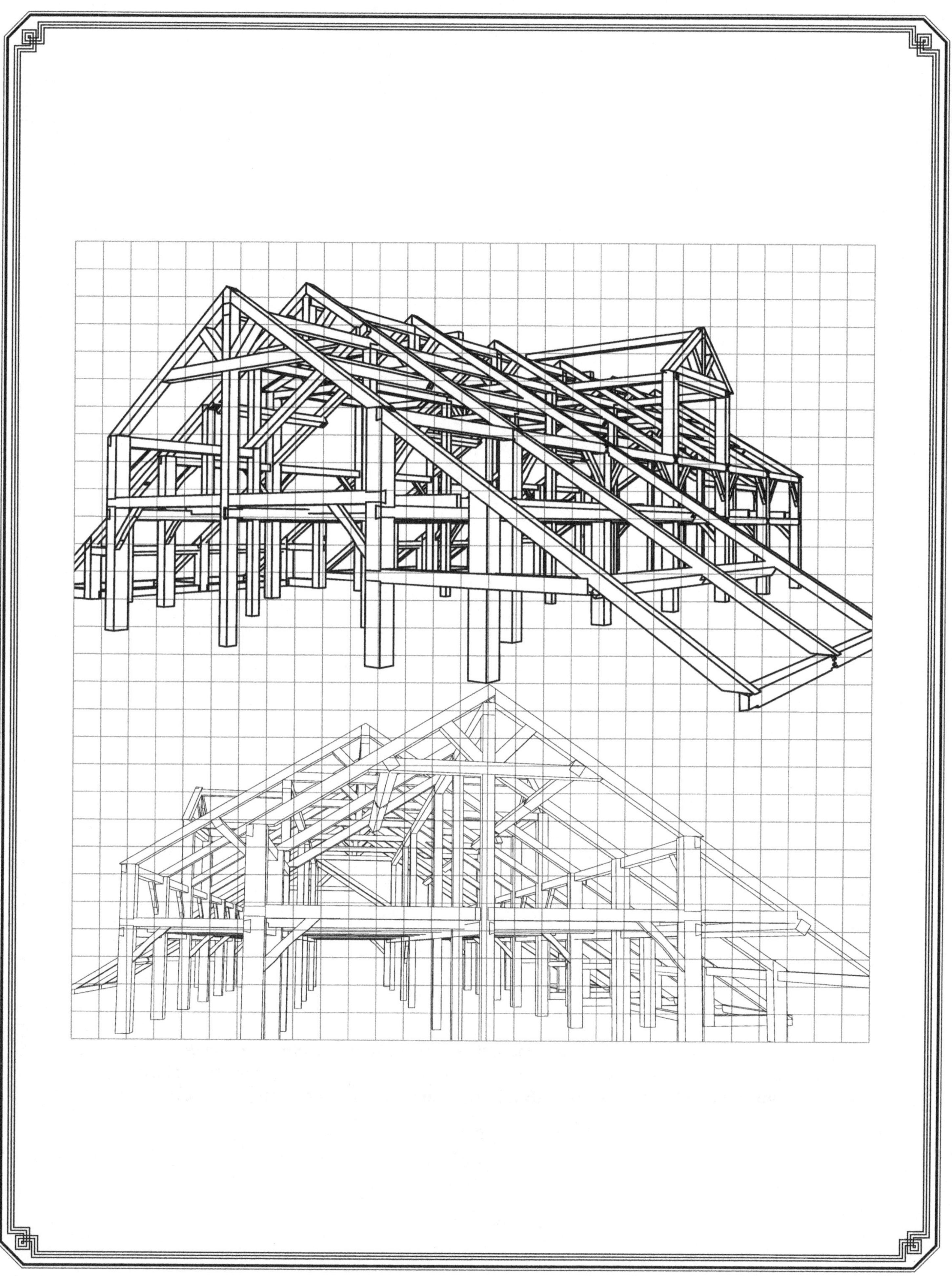

***C'est une purge par Page si vous utilisez un coloriage feutre ou un stylo!***

*Trouver d'autres grands titres par la recherche de Coloriage Bandit sur Favorite livre détaillant*

**Amazon.Ca | Barnes & Noble (BN.Com) | J'ai Des Livres 1 Million (BAM.Com)**

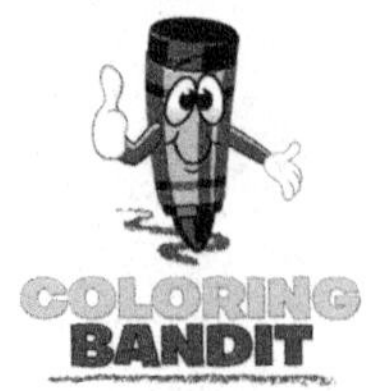

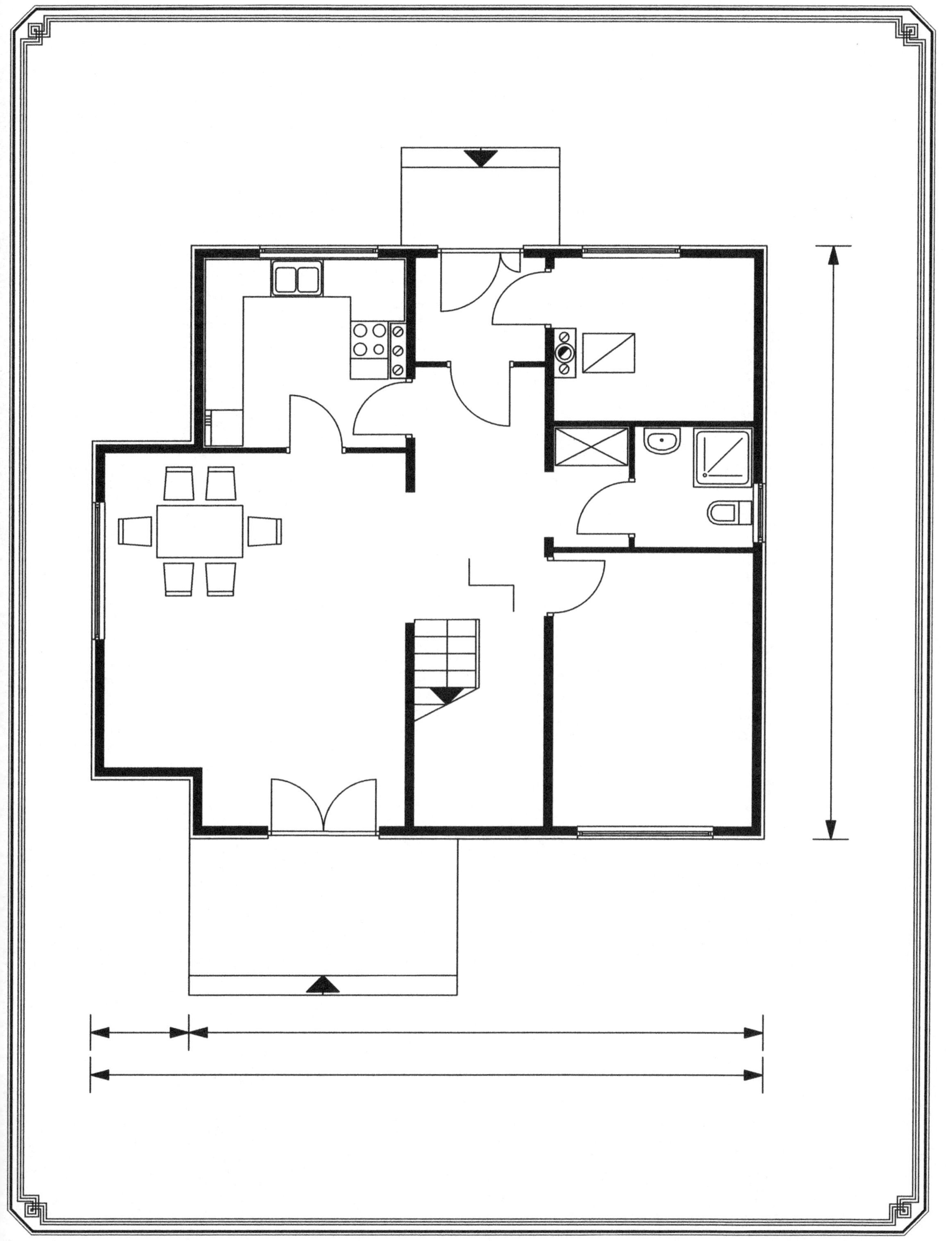

Made in the USA
Monee, IL
07 July 2026

56545646R00037